Die kleine Hoffmann

Sophia Hoffmann

Inhaltsverzeichnis

Vorwort

Liebe Leserin, lieber Leser,

willkommen in meinem Buch! Schön, dass es dich gefunden hat, ich bin mir sicher, du wirst viel Freude damit haben. Zuerst einmal möchte ich auf den Titel eingehen, der vielleicht für Verwirrung oder Unverständnis gesorgt haben mag, als du das Buch das erste Mal in Händen hieltst. Ich erkläre das mal kurz, damit wir uns in Folge ganz auf das eigentliche Anliegen dieses Buches konzentrieren können. Dazu muss ich eine kleine Geschichte erzählen:

Große Ideen ...

2016, als ich gerade mein zweites Kochbuch *Vegan Queens* veröffentlicht hatte, wurde ich als Köchin auf eine große Messeveranstaltung eingeladen, um dort eine Kochshow umzusetzen. Unter meinen Mitstreiter*innen waren viele bekannte männliche TV-Köche wie *Nelson Müller, Stefan Marquard* und auch *Johann Lafer*. Ich war mir meiner Rolle als Quotenfrau und -veganerin auf diesem Event durchaus bewusst und es war spannend zu beobachten, wie alle diese erfolgreichen Köche mit einer großen Entourage anreisten, die ihnen Backstage abnahm, ihre Show vorzubereiten, während ich im Alleingang mit meinem Rollköfferchen und meinen Nussbeuteln eintraf und mein Gemüse selbst wusch und schnippelte. Vor Ort wurde ich dann noch völlig unerwartet von einem komplett weiblichen Messe-Küchen-Team unterstützt, das mir nachhaltig im Gedächtnis geblieben ist, doch das nur am Rande. Vor meinem Auftritt war *Herr Lafer* an der Reihe, wir gaben uns sozusagen die Bühne in die Hand.

Er war sehr freundlich und super interessiert an meinem Buch und meinen veganen Rezepten. So drückte ich ihm kurzerhand ein Exemplar von *Vegan Queens* in die Hand, wir tauschten Visitenkarten aus und er versprach, mir von seinem Management sein neuestes Werk schicken zu lassen. Einige Woche später traf es bei mir ein, gemeinsam mit einem persönlichen Brief, ich freute mich über diese Geste. Sein Buch hieß *Der große Lafer*. Ein fast 500 Seiten dickes, aufwendig gestaltetes Werk mit güldenen Lettern auf dem Titel. Ich war beeindruckt. Und gleichzeitig dachte ich: „Komisch, ich kenne kein einziges Werk von einer Köchin, das so selbstbewusst nach ihr selbst benannt ist, sich erlaubt, den Namen in den Mittelpunkt zu stellen und zur Marke zu machen!"

Warum dem so ist? Darüber könnte ich vermutlich ein eigenes Buch schreiben, denn die Gründe sind vielfältig. Männer dominieren nach wie vor die kulinarische Welt, was einerseits an fest etablierten patriarchalen Machtstrukturen liegt, die gerade in klassisch „militant"-hierarchischen Brigaden-Küchen tief verwurzelt sind. Andererseits werden Frauen gesellschaftlich immer noch anders bewertet und wahrgenommen, wenn sie selbstsicher und souverän auftreten, gerne wird ihnen Arroganz unterstellt bzw. werden sie von klein auf zu Bescheidenheit erzogen. Ich spreche aus eigener Erfahrung. Diese beiden (und viele weitere) Aspekte führen nicht gerade zu einer größeren öffentlichen Wahrnehmung und Repräsentanz von Köchinnen.

Zurück zur Geschichte: Da saß ich also mit diesem Buch im Schoß und dachte so bei mir: „Vielleicht kann ich dem etwas entgegenstellen und – wenn ich etwas älter bin – mein Lebenswerk *Die große Hoffmann* nennen."

... klein & kompakt verpackt

Dann kam die Idee zu diesem Buch. Und als klar wurde, dass ich sie umsetzen würde, der Geistesblitz: Das Buch ist mein erstes kleines Standardwerk übers Kochen, das ich nach zehn Jahren in diesem Bereich mit meinen Erfahrungen, Ideen und Hilfestellungen fülle. Wieso sollte es also nicht meinen Namen tragen? Und so war *Die kleine Hoffmann* geboren.

Warum aber „die Kleine"? Zum einen haben wir ein handliches Format gewählt, das locker in jede Tasche passt, und zum anderen möchte ich mir immer noch offenhalten, später einmal, wenn ich älter und weiser bin *Die große Hoffmann* zu verfassen. Und natürlich ist dieser Titel eine liebevolle Anspielung auf *Herrn Lafers* Buch und die Art, wie männliche Köche sich seit jeher inszenieren, ohne dass irgendjemand etwas dagegen hätte. Für Frauen sollte das auch zum Selbstverständnis werden, ohne dass irgendjemand das kritisiert oder komisch findet. Representation matters. Ich bin sehr froh, dass mein Verlag derselben Meinung war und ich ihn von diesem Titel überzeugen konnte.

Mit Gefühl kochen ...

Wie alle meine bisherigen Buch-Ideen entstand auch diese aus den Erfahrungen und dem Austausch mit meinen Leser*innen und Follower*innen. Für mich ist intuitiv kochen etwas, womit ich seit Kindesbeinen sozialisiert wurde, weshalb mir der Umgang mit Lebensmitteln leicht von der Hand geht. Genauso war es auch beim Thema Lebensmittelwertschätzung, der ich mein letztes Buch *Zero Waste Küche* gewidmet habe. In gewisser Weise kann man *Die kleine Hoffmann* als Ergänzung und Fortsetzung dieses Buches sehen. War *Zero Waste Küche* randvoll mit praktischen Infos und Tipps zu den Lebensmitteln selbst, geht es jetzt weiter mit einer Mischung aus Emotion und Pragmatik. Klingt widersprüchlich? Auf keinen Fall. Ich bin eine zutiefst emotionale Köchin, ich folge meinem Bauchgefühl und entwickle unverhohlen Gefühle für knackiges Gemüse. Diese Emotionen möchte ich bei meinen

Leser*innen wecken, um sie dazu zu ermutigen, wie ich eine lebenslange Liebesbeziehung mit Essenszubereitung einzugehen. Weil ich denke, dass wir davon auf so viele unterschiedliche Arten profitieren können. Darauf, welche das im Einzelnen sind, gehe ich in Kapitel zwei noch genauer ein. Gleichzeitig erfordert intuitiver Umgang mit Lebensmitteln auch einen Wissensschatz, ein Fundament auf dem man sich austoben kann. Ich möchte mit diesem Buch einen Überblick darüber verschaffen und damit diese Basis bieten. Mein Wissen dazu beziehe ich aus ganz unterschiedlichen Quellen, aus Fachliteratur, von Kolleg*innen und Vorbildern (die in diesem Buch natürlich Erwähnung finden), aus praktischer Erfahrung in der Gastronomie sowie aus purer, wilder Experimentierlust in meiner eigenen Küche. Genau das macht meine Erfahrungswerte so anders als die etablierter Sterneköch*innen: Ich bin Autodidaktin, Quereinsteigerin, Pflanzenfresserin, Restevewerterin, Feministin und Aktivistin, die aus reiner Leidenschaft und nach einigen Ausflügen in die Gastronomie seit ihrem 17. Lebensjahr erst mit Anfang 30 in diesem Berufsfeld landete. Und die gängige Strukturen hinterfragt und neue Wege beschreitet. Ich habe mir eine ganze Menge selbst beigebracht, mit viel Disziplin und Arbeit, daraus möchte ich keinen Hehl machen. Wochenenden und Abende, die ich statt mit meinen Freunden alleine in der Küche verbracht habe, Jobs in der Gastronomie mit Überstunden, Dinner Events an allen nur erdenklichen (ungeeigneten) Orten. Misserfolge, Blut, Schweiß und Tränen. Aber so habe ich in zehn Jahren ziemlich viel gelernt und meine Leidenschaft zu meinem Beruf gemacht. Aus einer inneren Getriebenheit – sprich, ich kann nicht mehr anders, ich muss einfach immer weiter kochen.

... und darüber schreiben

Die Notwendigkeit, über intuitives Kochen zu informieren, begegnet mir jeden Tag: Viele Menschen wenden sich an mich mit Fragen, die von Unsicherheit und Berührungsängsten im Umgang mit Lebensmitteln geprägt sind. Die Gründe sind vielfältig. Zum einen ist in unserer Gesellschaft bei den letzten Generationen sehr viel altes Wissen ums Kochen verloren gegangen. Zum anderen nutzt die Wirtschaft diesen Wissensverlust schamlos aus, um uns Fertig- und Halbfertigprodukte anzudrehen oder uns mithilfe eines Mindesthaltbarkeitsdatums davon zu überzeugen, noch völlig einwandfreie Lebensmittel zu entsorgen. Beides geht Hand in Hand und führt dazu, dass viele Menschen es gleich ganz bleiben lassen zu kochen oder es nie „richtig" gelernt haben. Oder sich ängstlich an Rezepten festklammern, als wären es Rettungsseile über einem reißenden Strom kulinarischer Ahnungslosigkeit. Rezepte haben zwar ihre absolute Berechtigung (und finden sich auch in diesem Buch), sie vermitteln Grundprinzipien oder dienen der Überlieferung von Traditionen und kulinarischem Kulturgut. Sie sollten aber nicht zu einem Korsett werden, ohne das wir uns nicht mehr frei bewegen können. Um uns aus diesem

Korsett zu befreien, brauchen wir Empowerment und Wissensvermittlung. Genau dafür bin ich deine Ansprechpartnerin auf den folgenden Seiten. Fühl dich zu Hause!

Dieses Buch hat keinen Vollständigkeitsanspruch. Wenn du offene Fragen zu verwendeten Begriffen, Lebensmitteln, Zubereitungsmethoden, Ernährungsfakten hast, die auf den folgenden Seiten nicht gänzlich beantwortet werden, nutze vorhandene Quellen zur Erweiterung deines Wissens. Das kann eine Suchmaschine im Internet sein (ich empfehle *Ecosia*), ein schlauer Mensch in deiner Umgebung oder ein ergänzendes Buch, das du dir kaufen oder ausleihen kannst. Bleib wissenshungrig!

Im Grunde möchte ich, dass du am Ende der Lektüre dieses Buchs gar keine Rezepte mehr benötigst, sondern mit Abenteuerlust und Selbstbewusstsein erhobenen Hauptes deine eigenen kulinarischen Wege beschreitest. Traue dich, dieses Buch mit Eselsohren oder Einmerkern zu versehen, schreibe hinein, verleihe und verschenke es – hab es lieb! Möge dir *Die kleine Hoffmann* eine treue Begleiterin sein auf dem Weg in stetig neue Kochabenteuer.

Und wenn ich nur einen Funken des starken Gefühls, das ich fürs Kochen hege, in deinem Herzen entfachen kann, wird sich dein Kochverhalten für immer ändern. Versprochen! Ich hoffe, dass meine Liebeserklärung ans Kochen und Essen direkt in deinem Herzen landet!

Deine Sophia

Meine persönliche Geschichte

Wenn mich jemand fragt, wie ich zum beruflichen Kochen gekommen bin, lautet meine Gegenfrage: „Wie viel Zeit hast du für die Antwort?" Denn es war eine lange Reise mit vielen Stationen und Abzweigungen, und der Grundstein für meine Kochleidenschaft wurde schon in meiner Kindheit gelegt. Meine Eltern prägten mich jeweils auf ihre ganz eigene Art. Erst wesentlich später wurde mir bewusst, wie glücklich ich mich schätzen kann, durch ihre Sozialisation auf so natürlichem Wege den Umgang mit Lebensmitteln erlernt zu haben. Und ich bin so dankbar, dass meine Eltern meinen impulsiven Unternehmungen als Kinderköchin fast immer mit vollstem Verständnis begegneten und mich so – wenn auch unbewusst – auf meinen heutigen Beruf vorbereiteten.

Lernen von den Großen

Mein Vater war Hausmann und Künstler, meine Mutter als Grundschulrektorin die Hauptverdienerin. Diese heute noch ungewöhnliche Aufteilung sorgte auch für eine klare Rollenverteilung, was die Lebensmittelversorgung anging. Meine ersten frühkindlichen Erinnerungen habe ich von den Einkaufstouren mit meinem Papa in den Supermarkt, die Bäckerei und den Gemüseladen, später auch in den Bioläden. Er war es, der das Mittagessen kochte: improvisatorisch, intuitiv und extrem experimentierfreudig. Da er noch aus einer Generation stammt, in der die Buben von der Mama aus der Küche geschickt wurden, hat er sich alles selbst beigebracht.

In den 1970er-Jahren jobbte er auch mal eine Weile als Hilfskoch, und spätestens seit meiner Geburt entdeckte er die Liebe zum Kochen am heimischen Herd. Rezepte benutzte er eigentlich kaum, und wenn, dann überflog er sie gerne mal so flüchtig, dass das Ergebnis eher einer freien Interpretation glich. Noch heute kann ich mich daran erinnern, wie er einmal *Kärnter Kasnudeln* nachkochen wollte, bis heute eines meiner Lieblingsgerichte, das wir von unserem jährlichen Österreich-Urlaub mitgebracht hatten. Irgendwie übersah er dabei, dass die Kartoffel-Topfen-Füllung in einen Nudelteig gepackt wurde – ein nicht ganz unwesentlicher Part der Zubereitung. Er vergaß den Nudelteig komplett. Somit glich das Ergebnis am Ende eher einer Art Kartoffel-Bratling, der zwar lecker war, aber mit der Grundidee relativ wenig zu tun hatte. Davon ließ er sich jedoch nicht weiter beeindrucken, mit einem gemütlichen Schulterzucken deutete er kulinarische Fehlschläge zu individuellen Neuinterpretationen um, und ich lernte: Aus Fehlern kann Neues entstehen. Nur wer wagt, gewinnt oder erfindet zumindest manchmal etwas Schmackhaftes!

Meine Mama wiederum übernahm zu Hause das Backen und Einmachen: Weihnachtsplätzchen, Mehlspeisen, Marmeladen und Kompotte fielen in ihren Aufgabenbereich. Hier folgte sie streng den oft schon über Generationen übermittelten Familienrezepten, die teils noch auf Altdeutsch und mit kaum mehr gebräuchlichen Mengeneinheiten verfasst waren. Für mich hatten diese Rezepte fast etwas Mystisches: der Familienschatz, aus dem kindliche Plätzchenträume sind. Sobald ich körperlich dazu in der Lage war, half ich bei diesen ritualisierten Umsetzungen: Mandeln blanchieren für die Vanillekipferl, die noch heißen Kipferl vorsichtig in selbst gemachtem Vanillezucker wälzen. Oder mit dem Ende eines bestimmten Holzkochlöffels Löcher in die Golatschen drücken, die dann mit Johannisbeergelee gefüllt wurden. Auch das Gelee stellte meine Mutter selbst her, hierfür ließ sie den mit Gelierzucker aufgekochten Saft über Nacht durch eine meiner ausrangierten (natürlich abgekochten) Stoffwindeln abtropfen, die Ecken band sie an den Beinen eines umgedreht auf den Tisch gestellten Küchenstuhls fest. Der Dreibeinige eignete sich hierfür besonders gut. Für mich waren diese Techniken und Rituale als Kind völlig selbstverständlich, mir wäre gar nicht in den Sinn gekommen, dass nicht jede Mama daheim Marmelade selber kocht und durch Windeln tropfen lässt.

Erste Kochversuche – in der Kindheit

„Genährt" mit diesem Selbstverständnis wollte ich mit zunehmendem Alter selbst den Kochlöffel in die Hand nehmen, und auch hier ließen mich meine Eltern gewähren. Im frühen Teenageralter, ich war vielleicht zwölf, bekam ich für mein Zimmer einen Bistrotisch mit einer weißen Marmorplatte und einem schweren gusseisernen Fuß, für mich Inspiration genug, dort „ein Restaurant zu eröffnen". Ich schrieb eine Speisekarte und plünderte den Hoffmannschen Kühlschrank, um meine Familie und Freunde zu bewirten. An einzelne Gerichte kann ich mich nicht mehr erinnern, nur noch an irgendetwas Süßes mit Quark, Zimt und Honig – Quarkspeise nannte man das damals glaube ich.

Ein anderes Erlebnis hat sich mir zutiefst eingeprägt, ich war wohl sogar noch etwas jünger, vielleicht zehn. Meine Eltern waren einen ganzen Nachmittag nicht zu Hause, und so beschloss ich, zusammen mit einer Freundin, spontan das erste Mal ohne elterliche Aufsicht einen Marmorkuchen zu backen. Ich wusste ja, wo alles war, und fand das Rezept. Tatsächlich räumten wir auch alles brav wieder auf, sodass wir meine Eltern tatsächlich mit diesem Ergebnis vollends überraschen konnten.

Schon bald durfte ich andere kulinarische Aufgaben übernehmen, bei Familienfeiern eine kalte Platte mit „Häppchen" kreieren oder bei einem Abendessen mit Freunden für die „Erwachsenen" ein Dessert zubereiten. Ein solcher Nachtisch ist mir besonders in Erinnerung geblieben: der *Tigerpudding*. Wie viele Kinder wuchs ich mit Puddingpulver aus dem Päckchen auf. Als wir einmal unbedingt Pudding kochen wollten und keines zu Hause hatten, sagte meine schlaue Mutter: „Ach, das kann man doch auch einfach selber machen – aus Stärkemehl, Zucker und Kakao oder Vanille." Was sie da so völlig selbstverständlich verkündete, öffnete mir neue kreative Türen, die ich im doppelten Wortsinn schier nicht fassen konnte: „Das heißt, man kann aus allen möglichen Geschmackszutaten, Milch, Stärkemehl und Zucker, Pudding kochen?" Das musste man mir nicht zweimal sagen, bald kochte ich Mandel- und Haselnusspudding oder die Variante, die man heute als eine Zero-Waste-Variante bezeichnen würde und die es auch in mein Buch *Zero Waste Küche* geschafft hat: Schokoladenpudding mit eingeschmolzenen Resten verschmähter Osterhasen und Weihnachtsmänner. In ein Glas geschichtet wurde daraus der *Tigerpudding*, mein erstes Signature Dish.

Küche Kunterbunt: Rezeptesammlung

Ich sog Rezepte in mich auf, überall, wo ich sie finden konnte. Noch heute besitze ich den Ordner aus meiner Kindheit, in dem sich ausgerissene Seiten *Kleine Brigitte* aus dem Frauenmagazin *Brigitte* finden, mit Rezepten für selbst gemachte Karamellbonbons, Nudeln mit Walnüssen und seltsamen Popcorn-Pfannkuchen, die so viel besser klangen als ihre Umsetzung durch mein damaliges zehnjähriges Ich.

1994 stand dann *Die große Schule des Kochens* auf meinem Wunschzettel, ein dicker Wälzer, der sich auch heute noch in meinem Bücherregal findet; die Flecken auf bestimmten Seiten zeugen von meinen ersten Versuchen, Löffelbiskuit und Soufflés selbst umzusetzen. Auch die *Dr.-Oetker-Koch-* und -*Backbücher* haben mir über die Jahre treue Dienste geleistet, ich stahl die Originalversionen aus den frühen 60ern von meinen Eltern, die sie vermutlich zur Eigenheimgründung geschenkt bekommen hatten. Schon in der 1990er-Jahren erschienen die *Kodaco-lor*-bunten Aufnahmen der Speisen in diesen Büchern wie skurrile Relikte aus einer fernen Zeit, als es der letzte Schrei gewesen war, seltsam geformtes Dosengemüse und möglichst viel Aspik in einer Mahlzeit unterzubringen. Und auch wenn meine Mutter mehr Rezepttreue bewies als mein Vater, lehrte sie mich anhand dieser Bücher eine wichtige Lektion: „Bei Kuchenrezepten kannst du die Zuckermenge immer ein wenig reduzieren, die sind meistens schrecklich

TIPP MEINER MUTTER

„Bei Kuchenrezepten kannst du die Zuckermenge immer ein wenig reduzieren, die sind meistens schrecklich süß, und wenn man weniger Zucker gewöhnt ist, ist es trotzdem süß genug!"

süß, und wenn man weniger Zucker gewöhnt ist, ist es trotzdem süß genug!" Gesagt, getan: So finden sich seit damals Bleistiftnotizen neben den Zutatenlisten mit den Anpassungsmengen der mütterlichen Gesundheitspolizei. Und es war immer süß genug. Außer in der Phase, in der mein Vater anfing, nur noch mit Honig zu backen und diesen dann auch immer mal wieder ganz vergaß. Aber das ist eine andere Geschichte …

Noch mehr Kochversuche: Vom heimischen Herd in die Weltküche

Dann kam die Tortenphase: Mit 17 fing ich an, für alle Menschen, die ich näher oder entfernter kannte, opulente Torten zu backen, mit zwei bis drei Böden, viel Buttercreme und bunten Marzipanfiguren verziert. Ich ging so auf darin, dass meine Eltern irgendwann einforderten, ich solle die Zutaten zukünftig von meinem Taschengeld bezahlen – sehr schnell ebbte meine Backwut ab und ich suchte mir stattdessen meinen ersten richtigen Job in der Gastronomie: Ich wurde Pizzabäckerin bei einem Lieferservice. Es war ziemlich schrecklich, da meine Chefin jegliche Hygienestandards ignorierte. Einmal verlangte sie, dass ich den Schimmel von der Bolognesesauce abschöpfen und diese weiterhin verwenden sollte. Ihr Argument war: „Der Pizzaofen hat über 300 Grad, alles was da durchgeht, ist danach sowieso tot." Vielleicht hatte sie damit sogar recht, es war trotzdem keine Legitimation, Kund*innen verdorbenes Essen anzudrehen. Trotzdem habe ich auch aus diesem Job etwas mitgenommen: nämlich, in welcher Reihenfolge man Pizza belegt, um ein optimales Ergebnis zu bekommen. Gerne würde ich behaupten, ich hätte dort gelernt, wie man Teigrohlinge durch geschicktes „In-der-Luft-Jonglieren" zu Pizzen formt, aber dafür hatten wir leider eine Maschine mit einer großen Walze.

Nach der Pizzabäckerinnen-Episode folgte ein kurzer Aufenthalt bei *Wienerwald*, einer auf Grillhähnchen spezialisierten Restaurantkette, darauf möchte ich hier lieber nicht zu sehr eingehen, ich habe auch wenige Erinnerungen an diesen Job.

Außerdem fing ich an, im Sommer und zur Weihnachtszeit bei *Tollwood* zu arbeiten, ein halbjährlich in München stattfindendes Festival mit Märkten, internationaler Gastronomie und Kulturprogramm, Münchner*innen kennen dieses Event sicher, das schon Streetfood anbot, bevor es in Mode kam. Dort arbeitete ich an einem Maiskolben-Ofenkartoffeln-Stand. Ich lernte, wie man Maiskolben auf einem Drehgrill zubereitet und mit Holzstäbchen spickt, wie man Ofenkartoffeln aus einem großen Bollerofen nimmt, ohne sich komplett die Handgelenke zu verbrennen, wie man 20 Kilo Rahmchampignons kocht und dass es weder eine gute Idee ist, auf dem Weihnachtsmarkt zum Warmhalten ausschließlich Glühwein zu konsumieren, noch im Spülhäuschen bei 30 Grad am Joint des Standnachbarn zu ziehen, wenn man anschließend eine Palette frisch gespülter Gläser über das schlammige Festivalgelände durch Menschenmengen balancieren muss. Es war jedes Mal eine ziemliche Sauferei, und da verstand ich zum ersten Mal, dass viele Gastro-Menschen ein Suchtproblem haben.

Später zog ich nach Wien, und neben meinen Betätigungen als Sängerin, DJ und Partyveranstalterin jobbte ich bei *Feinkost Schober*, einem alteingesessenen Familienunternehmen auf der Währinger Straße. *Schober* war nicht nur Feinkostladen, sondern auch Fleischerei und Caterer, und so lernte ich dort, wie man Hunderte Cevapcici formt, Beinschinken mit einem Messer säbelt, Prosciutto hauchdünn aufschneidet und Faschiertes (Hackfleisch) herstellt. Verrückt, wenn ich heute daran denke, denn damals aß ich noch bzw. wieder Fleisch, jetzt nicht mehr.

Fleischlos glücklich!

Das mit dem Vegetarismus bzw. Veganismus war so bei mir: Mit 13 beschloss ich das erste Mal, Vegetarierin zu werden, da ich eine Freundin hatte, die in ihrer Familie komplett vegetarisch aufgewachsen war, und bei einem gemeinsamen Urlaub probierte ich es einfach mal aus.

Ich blieb dabei, bis ich 17 war, da lernte ich meinen ersten Freund kennen, und irgendwie warf ich mit ihm meine moralisch motivierten Gründe komplett über Bord. Heute denke ich, es war das exemplarische Beispiel einer Verdrängungshaltung, ganz nach dem Motto: „Aber es schmeckt halt so gut!" Dabei blieb es dann meine gesamten 20er hindurch; zwar gab es um mich herum immer mehr Menschen, die vegetarisch aßen, aber ich gehörte definitiv nicht dazu.

Als ich mit Mitte bzw. Ende 20 einen immer ungesünderen Lebensstil pflegte (ich legte als DJ bis zu 15-mal im Monat auf, das ist fast jede zweite Nacht), versuchte ich erstmals, das mit gesunder Ernährung etwas auszubügeln. Ich presste frische Säfte, aß viel Salat, aber nach wie vor Tiere.

2010 dann las ich das erste Mal einen Artikel in der *Süddeutschen Zeitung*, der einen Zusammenhang zwischen industrieller Tierhaltung und Klimawandel herstellte mit dem Claim: „Fleischessen ist nicht mehr zeitgemäß." Und in meinem Bekanntenkreis stieg die Zahl der Vegetarier*innen sowie auch erster Veganer*innen. Sukzessive aß ich fast nur noch vegetarisch, danach vegan. Bis heute kann ich das nicht an einem bestimmten Datum festmachen, aber es geschah in etwa zeitgleich mit meinem Einstieg ins Thema „Beruflich kochen".

Heute würde ich mich als 95-prozentige Veganerin bezeichnen, manchmal mache ich vegetarische Ausnahmen, etwa wenn ich auf Reisen bin oder die Eier von den Hühnern meiner Freundin bekomme, die in ihrem Garten leben und nicht geschlachtet werden. Fleisch und Fisch habe ich schon sehr lange nicht mehr gegessen, und wenn, dann nur ohne mein Wissen als Bestandteil einer Mahlzeit aus Versehen. So wie dieses eine Mal, als meine Freundin *Lisa Jaspers* in ihrem Laden ein Event mit einem „veganen Büfett" hatte und ihre Mama, gut gemeint, ein Glas mit einer Forellenmousse dazustellte ...

Learning by doing

Mein „Lehrweg" ging inzwischen weiter, und zwar immer in Richtung Kochen und für immer mehr Leute. Das musste sich wohl schon früh abgezeichnet haben, denn letztes Jahr bei meinem 20-jährigen Abi-Jubiläum erinnerte mich eine ehemalige Lehrerin daran, dass ich bei einer Archäologie-Exkursion in der Oberstufe ein ganzes Wochenende für die 15-köpfige Gruppe gekocht hatte, vollkommen entspannt und selbstverständlich. So sollte es noch sehr oft in meinem Leben passieren, dass ich unbewusst die Essenszubereitung an mich riss bzw. mir das sehr leicht von der Hand ging.

In Wien beispielsweise hatte ich eine Weile einen Job in einem Filmausstattungs- und Eventmöbelverleih und dort wurde jeden Mittag für das Team frisch gekocht. Eigentlich in Rotation, aber schon bald etablierte ich mich als Küchenchefin, da es mir immer gelang, aus noch so schäbigen Resten ein dreigängiges Menü für sechs bis zehn Personen zu kochen. Das machte mir unheimlich Spaß, doch wäre ich da noch nicht auf die Idee gekommen, Kochen zu einem Beruf zu machen.

Aber ich lernte ständig mehr zu dem Thema dazu: Als ich 2008 nach Berlin zog, begann ich in einem Bioladen mit Bistrotheke zu arbeiten, ich erfuhr viel über Bio-Lebensmittel, das Mindesthaltbarkeitsdatum und die sogenannte Käsepflege. Wie man ihn zu lagern hat und bei welchen Käsesorten Schimmel bedenkenlos abgeschnitten oder abgewischt werden kann. Mein Highlight aus dieser Zeit: Wie in der berühmten Supermarkt-Werbung gelang es mir bald, grammgenaue Stücke von Kund*innen verlangter Käsesorten abzuschneiden und auf die Waage zu legen. Einfach weil ich ein Gefühl dafür einwickelt hatte, welche Käsesorten welche Konsistenz und somit welches Gewicht haben. Heute gelingt mir das ganz automatisch in ganz vielen Küchensituation, auch deshalb sind Rezeptmengen für mich in der Regel nebensächlich.

Sprung von der Hobby- zur Profiköchin

2014 eröffnete meine ehemalige DJ-Kollegin *Nina Kränsel* zusammen mit ihrem Mann Red das vegane Lokal *Let It Be* in Berlin; ich half, das Business mit aufzubauen und arbeitete dort als Köchin. Ich lernte, bei welchen Spätis in Neukölln man auch am Wochenende pflanzliche Milch bekommt, falls diese mal ausgeht, wie man vegane Crêpes und Burger im Akkord herstellt, wie man viele Teller ohne funktionierende Spülmaschine während des laufenden Betriebs sauber kriegt und dass es notwendig ist, manchen Menschen bei einem All-You-Can-Eat-Brunch-Büfett ein limitiertes Zeitfenster einzuräumen, weil sie sonst den ganzen Tag bei einer Tasse Ingwertee sitzen bleiben, die sie sich fünfmal mit heißem Wasser aufbrühen lassen – und dass sich davon keine Lokalmiete bezahlen lässt.

Im gleichen Jahr, also 2014, schrieb ich dann mein erstes Kochbuch *Sophias vegane Welt* und konnte nun das erste Mal nur vom Kochen und Darüber-Schreiben meinen Lebensunterhalt bestreiten. Beispielsweise organisierte und kochte ich zwischen 2012 und 2016 unzählige Dinner Events, sogenannte Supperclubs, bekam dafür einen Gewerbeschein und lernte in wirklich jeder erdenklich schrecklichen Location drei- bis sechsgängige Menüs für 20 bis 50 Personen umzusetzen. Berlin, Wien, München, Zürich, Dresden, Hamburg, Reykjavík – you name it. Die größte Bereicherung während dieser Zeit (und vieler großartiger Gäste) waren die Dinge, die ich von all den anderen Köch*innen gelernt habe mit denen ich die Küchen teilte. Und die verrücktesten Menüs dieser Jahre habe ich dann in meinem zweiten Buch *Vegan Queens* verewigt.

2017 folgte das *Yodel*, ein vegetarisches Wirtshaus mit alpenländischer Küche, dort fertigte ich sehr große Serviettenknödel an, pochierte Eier und buk French Toast für den Wochenend-Brunch. Leider ging das Konzept nicht auf, und ich werde mich immer an die sehr traurige letzte Schicht erinnern, bei der wir alle ein bisschen weinten und der Hund eines Gastes fröhlich mitjaulte. Ich glaube, er verstand den Ernst der Lage nicht ganz ...

Anfang 2019 fing ich schließlich bei *Isla Coffee Berlin* an, einem vegetarischen Café mit nachhaltigem Kreislaufkonzept, das ich durch meine Jurytätigkeit beim Deutschen Gastro-Gründerpreis kennengelernt hatte, es gewann dort den Hauptpreis. Kaum ein halbes Jahr später wurde ich als Jurymitglied zur Angestellten der Gewinner. Da ich sowieso eher an flache Hierarchien glaube, störte mich das nicht weiter. Ich war auch zu beschäftigt. Mit meiner Kollegin und Küchenchefin *Mez Macleod* rockte ich die Küche phasenweise zu zweit, während unsere Essensumsätze wuchsen und wuchsen, nebenbei war ich quasi nonstop mit meinem Buch *Zero Waste Küche* und anderen Projekten unterwegs, und erst als sich unser (übrigens reines Frauen-)Team vergrößerte, kehrte etwas mehr Entspannung ein. Auch von *Mez* und meinem Chef *Peter* lernte ich wieder eine ganze Menge.

Nun sitze ich hier und schreibe dieses Buch, während wir uns immer noch mitten in der Corona-Pandemie befinden und meine Tätigkeit bei *Isla Coffee Berlin* aufgrund des erneuten Lockdowns und dieses Projekts erst mal auf Eis liegt. Für nächstes Jahr plane ich mein wohl bisher größtes kulinarisches Abenteuer, die Eröffnung eines eigenen Restaurants, zusammen mit meiner Geschäftspartnerin *Nina Petersen*. Durch unser verbindendes Engagement zum Thema Lebensmittelverschwendung fanden wir schon 2017 zusammen, aber unsere Pläne wurden durch die Geburt ihrer Tochter und nun die Pandemie immer wieder nach hinten verschoben. Doch wir sind zuversichtlich, ganz nach dem Motto „Gut Ding will Weile haben" und freuen uns, wenn es endlich heißen kann: „*Willkommen bei Happa!*"

Wenn ich so gesammelt zurückblicke auf all die kulinarischen Prägungen und Stationen, die ich in meinem Leben durchlaufen habe, scheint es relativ offensichtlich, dass die Leidenschaft schon immer vorhanden war. Und je älter und reflektierter ich werde, desto mehr verstehe ich auch, warum eine klassische Kochausbildung bzw. eine Karriere in diesem Bereich für mich nach dem Abitur nicht infrage kam bzw. vorstellbar war: Es fehlte mir schlichtweg an weiblichen Vorbildern, mit denen ich mich hätte identifizieren können, ich hatte null Identifikationsfiguren in diesem Bereich. Zudem eilte der Branche seit jeher ein sexistischer, latent menschenverachtender Ruf voraus, der mich – wenn vielleicht auch unbewusst – sicherlich zusätzlich abschreckte.

In den letzten zehn Jahren hat sich diesbezüglich eine Menge getan, und selbst wenn Diversität in der Außenwahrnehmung der Gastronomie immer noch zu wünschen übrig lässt, haben zumindest mehr Frauen ihren Weg in verschiedenste Bereiche dieses Berufsfeldes gefunden. Egal, ob mit oder ohne Ausbildung und – wie ich – als Quereinsteigerin, haben sie begonnen, sich ihre eigenen Arbeitswelten zu gestalten und alteingesessene Inhalte, Muster und Hierarchien zu hinterfragen. Quereinsteiger*innen bringen meines Erachtens immer frischen Wind in eine Branche, weil sie aus Leidenschaft handeln und sich frei von vorgegebenen Mustern bewegen.

Mir ist es wichtig, dazu beizutragen, dass junge Menschen auch das professionelle Kochen zukünftig als mögliche positive Option wahrnehmen und dort Entwicklungschancen sehen. Wenn meine Arbeit das bewirkt, macht mich das sehr glücklich. Gleichzeitig ist es mir genauso wichtig, alle zu Hause kochenden Leute zu motivieren – und genau davon handelt dieses Buch.

Kochen und Essen richtig verstehen

Nachdem du jetzt weißt, warum ich beim Kochen gelandet bin, würde ich gerne über dich sprechen, die Person, die dieses Buch jetzt in Händen hält. Vielleicht war deine kulinarische Prägung eine ganz andere? Inwieweit haben dein soziales Umfeld, die Kultur, in der du aufgewachsen bist, und die Lebensumstände sie beeinflusst? Wurde bei euch zu Hause gekocht und gemeinsam gegessen? Hatten diese Tätigkeiten einen hohen Stellenwert? Durftest du schon als Kind teilhaben? Wurdest du dazu ermutigt, selbst Lebensmittel zuzubereiten? Hast du Wissen zur Lebensmittelzubereitung vermittelt bekommen?

> Selbst wenn du die Mehrzahl dieser Fragen mit „Nein"
> beantwortest, lautet die gute Nachricht: „Macht nix, denn
> dafür ist es nie zu spät!"

Anhand dieses Buches möchte ich Berührungsängste und Wissenslücken abbauen und – kombiniert mit Wissenshäppchen – zu deiner „Selbstermächtigung" in der Küche beitragen!

Mehr wissen!

Dass diese Ängste und Lücken existieren, habe ich erst durch die Interaktion mit meinen Leser*innen und Follower*innen verstanden. Um das genauer zu illustrieren, nenne ich ein paar einschneidende Erlebnisse, die bei mir nachhaltigen Eindruck hinterlassen und mich dazu bewegt haben, dieses Buch zu schreiben:

Vor einer Weile postete jemand ein Foto eines nach meinem Rezept zuzubereitenden Gerichts in den sozialen Medien und schrieb: „Das gibt's morgen beim Picknick – ich hoffe es schmeckt!" Irritiert kommentierte ich: „Hast du es denn noch gar nicht probiert?", und bekam als Antwort „Nein, aber ich habe mich ganz genau an das Rezept gehalten!" Ich brach innerlich in Tränen aus und runzelte äußerlich die Stirn. Mir war diese Vorgehensweise schleierhaft. Ein Rezept zubereiten, ohne es zu probieren, und am nächsten Tag servieren in der Erwartung, dass es perfekt schmeckt? Für mich ist es selbstverständlich, ein Gericht permanent abzuschmecken, um ein gutes Ergebnis zu erzielen.

Aber solche Erlebnisse begegneten mir in den folgenden Jahren immer wieder. Nach Erscheinen meines ersten Kochbuches gab es Leser*innenpost und Rezensionen, die bemerkten „bisschen wenig Salz" oder „hätte ruhig etwas schärfer sein dürfen", obwohl ich alle Rezepte mit sorgfältigen Hinweisen wie „mit Salz und Pfeffer abschmecken" oder „eine halbe bis eine Chilischote je nach gewünschtem Schärfegrad" versehen hatte. Es schien als ob diese Anleitungen schon zu viel Eigeninitiative verlangen würden.

Mehr trauen!

Als ich begann Kochkurse zu geben, konnte ich das Phänomen live erleben. Fragte ich stichprobenartig „Hast du das schon gesalzen bzw. abgeschmeckt?", kam zu 90 Prozent die Antwort „Nein, das habe ich vergessen" oder „Das habe ich mich nicht getraut". Ich horchte auf: „Nicht getraut." Wenn jemand etwas vergisst, liegt es wohl daran, dass er sich der Notwendigkeit nicht bewusst oder einfach zu wenig fokussiert ist auf seine Tätigkeit, das kann man einfach ändern. Aber wenn jemand sagt, er habe sich nicht getraut, steckt wohl etwas Größeres dahinter. Ich war schockiert und meine kleine gemütliche Blase, in der ich zur autodidaktischen Profiköchin mit Mut zum Risiko sozialisiert worden war, zerplatzte. Denn diese Angst war mir völlig unbekannt, da ich schon als Kleinkind das Glück gehabt hatte, meine Hände in Hefeteig stecken und Käse über die Pizza krümeln zu dürfen.

Inzwischen habe ich begriffen, dass diese Vertrautheit mit der Tätigkeit des Kochens heutzutage in deutschen Küchen traurigerweise eine Ausnahme darstellt. Laut des Ernährungsreports 2020 des *Bundesministeriums für Ernährung und Landwirtschaft* geben zwar 73 Prozent der Befragten an, Spaß am Kochen zu haben, aber nur 39 Prozent kochen täglich. Über diese Zahlen könnte man auf Anhieb ein weiteres Kapitel schreiben, noch dazu wenn man weiß, dass diejenigen, die es tun, hauptsächlich Frauen und Menschen über 60 sind.

> Fakt ist: Viele Menschen würden gerne kochen, haben aber Berührungsängste, weil es ihnen nie jemand richtig beigebracht hat. Angst kann man jedoch überwinden, sobald man begriffen hat, dass sie existiert!

Rezepte: Anregung statt Regel

Allein mithilfe von „perfekten" Rezepten kann diese Hemmschwelle nicht überwunden werden. Rezepte können grammgenau ziemlich gut funktionieren, in der Gastronomie ist dies beispielsweise wichtig, wenn viele unterschiedliche Köch*innen ein (fast) gleiches Ergebnis erzielen sollen. Aber ein Rezept alleine wird dich im Umkehrschluss nie ermächtigen, dich völlig frei in der Küche zu bewegen. Diesen Anspruch kann kein Rezept der Welt erfüllen. Du musst probieren, dein Essen anfassen und dir die Finger schmutzig machen.

Wie man lieber nicht an Rezepte herangehen sollte, zeigt folgendes Beispiel: Vor einer Weile fragte jemand unter einem Beitrag zu Microgreens, „ob man diese nicht vor dem Verzehr waschen muss?" Microgreens sind essbare Pflanzenkeimlinge, die in diesem Kontext in der eigenen Küche angebaut wurden. Mich irritierte die Frage, denn weshalb sollte man ein Lebensmittel waschen müssen, das in der eigenen Küche wächst? Nach meinem Wissen muss man Pflanzen vor dem Verzehr waschen, wenn sie etwa erdig sind oder schädlichen Umwelteinflüssen, z. B. Pestiziden, ausgesetzt wurden. Eigentlich logisch, oder? Wenn du in deiner Küche aber keine ständig schmutzaufwirbelnde Minifabrik hast, sehe ich keinen Grund dazu, dort wachsende Pflänzchen waschen zu müssen. Wenn das jetzt zynisch klingt, so ist das nicht meine Absicht, denn mir ist schon klar, woher diese Verhaltensweisen stammen: Wir denken einfach nicht mehr so viel selbst drüber nach, warum Dinge so sind, wie sie sind, weil uns das im Alltag ständig von Suchmaschinen, Apps und Influencer*innen, die geduldig unsere Fragen beantworten, abgenommen wird. Dadurch stellen wir uns dümmer, als wir sind, denn eigentlich können wir uns viele dieser Fragen selbst beantworten bzw. die Antwort herleiten.

Ein weiteres Beispiel zu dem Thema: In einem Zero-Waste-Kochvideo zeigte ich, wie man aus übrig gebliebenem Reis knusprige Bällchen machen kann. Jemand fragte: „Meinst du, ich kann die auch mit Avocado füllen?" Ich antwortete etwas provokativ: „Ich denke, du kannst das, versuche es einfach!" Meine ausführliche Antwort hätte auch lauten können: „Ich habe diese Bällchen noch nie mit etwas gefüllt, sehe aber keinen Grund, dass es nicht sowohl klappen als auch schmecken sollte. Ich erteile dir hiermit die Erlaubnis, es auszuprobieren! Ich würde mich sofort trauen, es auszuprobieren." Genau das ist es, was ich möchte: dass du mithilfe dieses Buches über diese Schwelle springst und wieder lernst, dir solche Fragen selbst zu beantworten und dir mehr zuzutrauen.

Theorie und Praxis – Do it yourself!

Ich möchte dir noch ein letztes Beispiel mit auf den (Koch-)Weg geben, das du übrigens leicht auf andere Themen übertragen kannst: Neulich postete ich etwas über grüne Sellerieblätter, das sind die, die an der Selleriewurzel wachsen und häufig einfach im Biomüll landen. Ich gab den Tipp, diese bei Zimmertemperatur auf einem Tablett ausgebreitet zu trocknen und anschließend als Gewürz für Suppen und Eintöpfe zu verwenden. Darauf schrieb jemand: „Danke, ich wusste nie, was ich damit machen soll!" Daraufhin überlegte ich, wie ich selbst mir herleite, was ich beispielsweise mit einem Gemüse(blatt) anstellen könnte. Erst mal ist es wichtig zu wissen, ob man das Gemüse(blatt) roh essen kann. Dies trifft bis auf wenige Ausnahmen wie Kartoffeln, Auberginen, Rhabarber, Holunderbeeren auf fast alle Pflanzen zu. Danach frage ich mich: „Schmeckt das auch roh?" Um das zu testen, beiße ich hinein. Manches kann man roh essen, schmeckt aber nicht so lecker, Mangold beispielsweise. Beiße ich also in ein Sellerieblatt, stelle ich fest, dass es relativ hart und faserig ist und sehr intensiv schmeckt – ich finde also, ich sollte es weder roh noch pur essen. Dann überlege ich mir, was ich stattdessen damit anfangen könnte: Hat etwas einen sehr intensiven Geschmack, würde ich es immer mit etwas anderem mischen oder eher als Würzzutat verwenden. Ist etwas hart und faserig, würde ich es kochen bzw. pürieren oder trocknen, sodass es sich später zerbröseln lässt. Wenn das geklärt ist, beginnt die Versuchsphase und ich verwende die Blätter in verschiedenen Gerichten in verschiedenen Mengen – trial and error. Schwupps, habe ich mir selbst etwas über Sellerieblätter beigebracht! Ist doch gar nicht so schwer, oder? Deshalb würde ich sagen … fangen wir mit dem Kochen an!

Warum selbst kochen?

Warum überhaupt kochen?

Dass wir essen müssen, um zu überleben, wissen wir alle. Und dass es ein Privileg ist, genug Essen zur Verfügung zu haben, um täglich satt zu werden, denn noch heute leidet jeder neunte Mensch auf der Welt an Hunger. Die Gründe für die weltweite ungerechte Verteilung von Lebensmitteln sind komplex, doch sollten wir uns in westlichen Ländern klar darüber sein, dass unser verschwenderischer Konsum nur gewährleistet werden kann, weil die Natur, Tiere und oft genug Menschen dafür ausgebeutet werden. Das hört niemand gerne und zudem sind wir als Einzelpersonen nicht in der Lage, die oft durch postkoloniale Kapitalismusformen geprägten Handelsstrukturen zu überwinden. Dennoch müssen wir uns meines Erachtens einer gewissen Grundverantwortung stellen. Und zwar indem wir uns bewusst sind, dass unsere Kaufentscheidungen politisch sind, und indem wir dem, was uns zur Verfügung steht, wertschätzend begegnen. Dazu gehören die Themen Lebensmittelverschwendung, fairer Handel und ökologische, regenerative Landwirtschaft, auf die ich im Kapitel 3 (Seite 40) noch genauer eingehen werde. Worauf ich hinaus will:

> Aus frischen, gesunden Zutaten leckere Speisen zubereiten zu können, ist ein Privileg und keine Strafe.

Gerne wird es in unserer beschleunigten, optimierten Welt aber so dargestellt, als wäre es umgekehrt, und das macht mich richtig wütend. Wenn man sich genauer anschaut, woher diese Erzählweise kommt, stellt man nur allzu oft fest, dass sich dahinter die Werbebotschaften von Lebensmittelfirmen verstecken, die uns Fertig- und Halbfertigprodukte andrehen wollen.

Als ich meine Follower*innen vor Beginn der Arbeit an diesem Buch fragte, ob sie gerne mehr kochen würden und wenn ja, was sie davon abhält, war die eindeutige Antwort auf die erste Frage *„Ja"* und die häufigste Antwort auf die zweite *„Ich habe keine Zeit"*. Nun kann man fragen, was zuerst war: Unsere moderne Leistungsgesellschaft oder die Produzent*innen von Fertiggerichten? Natürlich hat sich beides gleichzeitig entwickelt und befruchtet und viele Menschen befinden sich in einem Hamsterrad aus Arbeit, Fertigessen und Feierabendkonsum. Mit Feierabendkonsum meine ich einerseits den Erwerb von Konsumgütern, die wir häufig dafür nutzen, um emotionale Lücken zu füllen, sei es Kleidung oder andere Lifestyle-Accessoires, Unterhaltungselektronik oder passive Berieselung mit Streaming-Programmen, Computerspielen oder sozialen Netzwerken. Ich sage extra „wir", denn ich bin natürlich ebenfalls nicht frei von diesen oft unerkannten Zwängen, und wir alle sind von diesen Wirtschaftszweigen so sehr sozialisiert und indoktriniert, dass wir uns dem kaum entziehen können. Auch ich nutze Streaming-Dienste und habe bekannterweise Social-Media-Profile und finde beides nicht per se schlecht. Doch um das „Ich habe keine Zeit"-Argument zu dekonstruieren, muss ich genau an dieser Stelle ansetzen. Es gibt Komponenten dieses Problems, die ich nicht lösen kann: Wenn es nach mir ginge, sollten alle Menschen ein bedingungsloses Grundeinkommen erhalten und viel weniger arbeiten müssen, denn erwiesenermaßen bedeuten viele Arbeitsstunden nicht gleichzeitig hohe Produktivität. Davon abgesehen finde ich es sowieso schrecklich, Menschen nach ihrer Produktivität zu beurteilen und endloses Wachstum als einziges Wirtschaftsziel zu sehen. Für solche Veränderungen kann ich mich als Aktivistin einsetzen, aber ich kann mit diesem Buch die Welt nicht ändern. Ich kann jedoch versuchen, dir Denkanstöße zu geben, und dabei helfen, die eigenen Gewohnheiten zu hinterfragen.

Ich kenne deine Arbeitssituation nicht und weiß nicht, wie viele Stunden du täglich dafür aufbringst. Außerdem weiß ich nicht, ob es dir möglich wäre, im Rahmen deiner Qualifikationen einen angenehmeren Job zu finden oder weniger zu arbeiten und trotzdem genug zum Leben zu haben. Darauf habe ich natürlich keinen Einfluss. Doch ich kann dich fragen, was du in deiner übrigen Zeit nach Feierabend machst, wenn du das Gefühl hast, keine Zeit zum Selbst-Kochen zu haben. Und dann würde ich noch fragen:

Warum nimmst du dir für diese Beschäftigung Zeit, nicht aber fürs Kochen?
Kann es sein, dass Kochen für dich einfach einen niedrigeren Stellenwert hat als andere Tätigkeiten?
Und wenn ja, warum glaubst du, ist das so?
War das schon immer so oder was hat dazu geführt, dass es sich so anfühlt?
Hast du das selbst so entschieden oder ist dieses Gefühl von außen beeinflusst?
Wäre es nicht schön, das zu ändern?

Denn inwieweit ist es erlerntes Verhalten, zu glauben, dass Zeit mit Serien-Glotzen und Auf-Instagram-Abhängen wichtiger wäre, als sich selbst eine leckere Mahlzeit zuzubereiten? Wahrscheinlich ein ganzes Stück, oder? Vor allem in einer Welt, in der jeder Supermarkt vollgestopft ist mit Gerichten, die man nur noch in den Ofen schmeißen, in die Mikrowelle stellen oder mit heißem Wasser übergießen muss. Oder in der ein Fahrradbote einem bei Wind und Wetter den Burger vom Lieblingsrestaurant bis zur Haustür bringt. Keine Angst, das wird jetzt kein Gastronomie-Bashing, zumal ich selbst in dieser Industrie arbeite und Take-away in Zeiten einer Pandemie oft das einzige Überlebensmodell für diese Industrie ist. Auch ich nehme solche Angebote ab und zu in Anspruch, aber eben eher als Ausnahme und nicht als täglichen Standard.

Bevor ich dich mit weiteren Argumenten für mehr Koch-Zeit euphorisiere, möchte ich noch auf eine weitere Aussage eingehen, die ich in dem Zusammenhang auch oft gehört habe: *„Es ist mir zu anstrengend, selbst zu kochen."* Hier muss ich dringend einhaken, denn wenn du dich jetzt ertappt fühlst, befindest du dich genau in dem Teufelskreis, aus dem ich dich mit diesem Buch befreien möchte:

Wer regelmäßig kocht und so einen intuitiven, entspannten Umgang mit Lebensmitteln entwickelt, wird diesen nicht mehr als ermüdend und anstrengend empfinden. Im Gegenteil, du wirst mühelos in 10 bis 15 Minuten ein leckeres Abendessen aus dem kochen, was da ist, und es wird dir am Ende super damit gehen. Nur wer Zeit in seine Kochroutine investiert, kann am Ende Zeit sparen. Je geübter du wirst, desto schneller wirst du kochen.

Das ist die gute Nachricht. Aber diesen Flow kannst du nur entwickeln, wenn du dem Kochen einen höheren Stellenwert im Alltag einräumst. Das musst du selbst wollen, beim Rest bin ich dir dann gerne behilflich.

Ein weiteres Argument gegen das Selbst-Kochen, das häufig genannt wurde, war: *„Es lohnt sich doch nicht, für mich alleine zu kochen!"*

Warum glaubst du das? Liegt es möglicherweise daran, weil du dir unsicher bist, wenn du kleine Portionen zubereitest, oder weil du dir selbst nicht genügend Wertschätzung entgegenbringst?

Wenn du dir bei der Antwort unsicher bist, auch hier die gute Nachricht: Beides kann man üben! Und auch das weiß ich aus eigener Erfahrung. Vor zehn Jahren, als ich beschloss, beruflich zu kochen, hatte ich gerade eine schmerzhafte Trennung hinter mir. Ich exerzierte alle allgemeinhin bekannten Bewältigungsmechanismen: Ausgehen mit Freundinnen, Rausch und Exzess, sexuelle Eskapaden mit schönen Söhnen anderer Mütter etc. Aber das erste Mal, seit ich Trennungen erlebte (und ich blicke auf eine ziemlich umfangreiche Liebeskummer-Agenda zurück), versuchte ich mich auch in Selbstliebe. Ich machte Yoga, ging ins Fitnessstudio und fing an, für mich ganz alleine wunderbare Mahlzeiten zuzubereiten. Auf dem Balkon meiner kleinen Einzimmerwohnung deckte ich mir einen prächtigen Frühstückstisch mit knusprigen Brötchen, frischen Früchten, selbst gemachtem Aufstrich und einer großen Tasse Kaffee mit viel (Hafer-)Milchschaum. Ich lauschte den Spatzen, blinzelte in die Morgensonne und genoss es, einfach nur mit mir selbst gut zu speisen. Ich kochte mir aufwendige Pasta-Gerichte und bereitete mir Desserts zu, ich verwöhnte mich nach Strich und Faden, weil ich das erste Mal verstanden hatte, wie wichtig es ist, sich selbst genug Aufmerksamkeit und Fürsorge zu schenken, und dass Essen ein wichtiger Teil davon ist.

Das „Für dich alleine"-Kochen mag am Anfang nicht leicht sein, wenn du es nicht gewohnt bist, aber es ist nie zu spät damit anzufangen.

Zu guter Letzt bekam ich außerdem noch häufig diese Rückmeldung: „*Bei uns hat jede/r in der Familie einen anderen Geschmack und ich kann nicht vier verschiedene Mahlzeiten zubereiten.*"

Das Einzige, was ich dazu sagen kann, stammt aus meinem eigenen Erfahrungsschatz. Ich habe keine Kinder, war aber selbst mal eine sehr heikle kleine Sophia. Manchmal wurde darauf Rücksicht genommen oder ich bekam zu bestimmten Anlässen meine Lieblingsgerichte, doch meistens entschied mein intuitiv kochender Vater, was auf den Tisch kam, und so verspeiste ich es teils begeisterter, teils widerwilliger. Diese Erfahrung hat mich nicht traumatisiert oder in anderer Weise beeinträchtigt, und ich würde ich es auch so halten wie mein Vater, müsste ich eine Familie ernähren.

Motivation und Inspiration

Je mehr ich mich in meinem Leben der Zubereitung von Essen gewidmet habe, desto größer ist meine Liebe zu dieser Tätigkeit geworden. Weil es ein Prozess ist, bei dem man sich ein Leben lang weiterentwickeln kann und nie das Gefühl hat, alles zu wissen oder zu können. Diese Demut der ständigen Entwicklung und Entdeckung birgt für mich mehr Motivation als die Idee, ein bestimmtes Ziel zu erreichen bzw. irgendwo anzukommen und dort zu verharren.

Die Quellen der Inspiration sind schier unendlich. Nicht nur was das kulturelle und historische Spektrum von Kulinarik weltweit anbelangt, sondern auch die neuen innovativen Perspektiven gerade im Bereich pflanzlicher Küche.

Vor einigen Jahren habe ich an einem Workshop zur Tofuherstellung teilgenommen und da erst verstanden, dass dieses Produkt, das bei uns leider oft das Image eines langweilig schmeckenden Fleischersatzes hat, in seiner Herstellung Milchprodukten ähnelt und Jahrtausende asiatischer Esskultur mit sich bringt. Obwohl ich schon vorher gerne Tofu aß, erkannte ich, wie groß meine unbewusste Ignoranz diesem Sojaquark gegenüber war, schlichtweg durch Unwissen. Wer einmal frischen unpasteurisierten Tofu mit Frühlingszwiebeln, Shoyu, Algenflocken und frischem Ingwer probiert hat, versteht, dass das mit eingeschweißten Fertigprodukten vom Discounter so wenig zu tun hat wie lange gereifter Gruyère mit Scheiblettenkäse.

Bleiben wir kurz beim (veganen) Käse: Viele Menschen haben vielleicht mal veganen Scheibenkäse probiert, der häufig auf Basis von Kartoffelstärke, Kokosöl oder Mandeln hergestellt wird. Ist okay, kann man machen, aber natürlich kann er geschmacklich nicht mit monatelang sorgfältig gereiftem Käse aus tierischer Milch mithalten. Aber hast du schon mal gereiften pflanzlichen Käse probiert, der mittlerweile von vielen kleinen Manufakturen weltweit angeboten wird? Camembert, geräuchtere Varianten und sogar Blauschimmelkäse, der auf der Basis von Nüssen und Kernen hergestellt wird. Der kommt der Sache schon wesentlich näher. Und wenn ich mir dann die Entwicklung ansehe, die alleine in den letzten zehn Jahren in diesem Sektor stattgefunden hat, und diese abgleiche mit den jahrtausendealten Traditionen der klassischen Käseherstellung, muss ich sagen: Ich bin euphorisch, wie viele tolle Produkte innerhalb kürzester Zeit den Markt erobert haben, und sehe hier noch schier endloses Potenzial. Mit diesen Beispielen möchte ich nur noch einmal unterstreichen, weshalb sich der Schwerpunkt pflanzliche Küche für mich noch nie wie eine Einschränkung, sondern immer wie eine spannende kreative Herausforderung angefühlt hat. Zudem ist die Zubereitung von Speisen die wohl unmittelbarste kreative Tätigkeit, mit der man innerhalb kürzester Zeit ein Ergebnis erzielen und teilen kann:

Man serviert, und das Ganze wird verspeist.
Man kann sich und andere Menschen damit glücklich und satt machen.
Was kann man sich Schöneres denken?

Das sind Aspekte, die mir sehr viel geben, nicht weil es mein Ego nach permanenter Bestätigung dürstet (was sicher auf manche Köch*innen zutrifft, das wäre für mich die falsche Motivation), sondern weil es mich glücklich macht, andere glücklich zu machen. Klingt kitschig, ist aber so.

Und nicht zuletzt mag ich das Kochen, weil es eine handwerkliche Tätigkeit ist und für mich den perfekten Ausgleich zu geistigen Tätigkeiten bietet. Während ich gerade am Schreibtisch sitze und dieses Buch schreibe, gibt es für mich nach einigen konzentrierten Stunden nichts Schöneres als die Aussicht, noch schnell ein Sauerteigbrot für den nächsten Tag anzusetzen oder ein paar Weihnachtsplätzchen zu backen. Denn da habe ich meine Routine und kann mich mental entspannen, während ich den Teig knete, und am Ende wartet ein köstliches Ergebnis, mit dem ich mich und mein soziales Umfeld verwöhnen kann.

Auch wenn ich gewisse Handgriffe über die Jahre perfektioniert habe und diese Sicherheit mir viel Freude bereitet, liebe ich es, mich stetig neu herauszufordern. Wie etwa Techniken auszuprobieren, die ich noch nicht kenne, Aufgaben mit der linken Hand auszuführen, die ich sonst mit der rechten bewerkstellige, kleine Veränderungen vorzunehmen, die meine Geschicklichkeit schulen. Gerade in einem Alltag, in dem wir es zunehmend gewöhnt sind, dass Computer und andere Geräte uns bestimmte Tätigkeiten abnehmen, finde ich es beruhigend zu wissen, dass ich nicht zwingend auf diese angewiesen bin, da ich es bevorzuge, meinen menschlichen Fähigkeiten zu vertrauen, meiner Intuition. Weil mich das persönlich bereichert.

In der Küche bedeutet das konkret, keine Waage, keinen Messbecher und kein Rezept zu benötigen, weil ich genau weiß, wie viel Flüssigkeit in den Mixer muss, sodass der Aufstrich am Ende die richtige Konsistenz hat. Weil ich ein Gespür dafür habe, wie lange die Nudeln kochen müssen, ohne einen Wecker zu stellen. Weil ich mit bloßem Auge erkenne, ob der Kuchen durchgebacken ist, und mich mit der Stäbchenprobe lediglich vergewissere, dass ich recht hatte. Ich bin überzeugt, dass das Schulen solcher Fähigkeiten mich auch in anderen Lebensbereichen bereichert, weil es mein Selbstbewusstsein stärkt und mir hilft, auch andere Alltagssituationen intuitiver anzugehen und zu bewältigen.

Ein fester Bestandteil kreativen Kochens ist zudem auch die nicht vermeidbare Fehlerquote: trial and error. Zu lernen, mit Fehlern konstruktiv umzugehen und deswegen nicht gleich aufzugeben, ist in der Küche unerlässlich und überträgt sich auf unser Handeln allgemein.

Weitere Vorteile finden sich natürlich auch im Bezug auf Wohlbefinden und Budget. „Du bist was du isst" steckt voller Wahrheit, und indem wir selbst das Ruder übernehmen und entscheiden, womit wir uns nähren, gibt uns dies in einer auch kulinarisch zunehmend komplexer werdenden Welt etwas Kontrolle zurück, was den Vorteil hat, dass wir besser lernen, auf unseren Körper und seine Signale achten zu lernen. Was tut mir gut, was nicht, was vielleicht nur ab und zu mal? Sich selbst zuzuhören, auch wenn es sich lediglich um einen zufriedenen Rülpser handelt, ist gelebte Selbstfürsorge.

Wenn wir achtsamer mit Lebensmitteln umgehen und diese sorgfältig auswählen und zubereiten, können wir in der Regel auch noch Geld sparen, da wir einen größeren Überblick über das behalten, was an Vorräten vorhanden ist, und das Vorhandene fast vollständig verwerten können. Wo man beim Einkauf konkret sparen kann und wo man lieber etwas mehr investieren sollte, erläutere ich auf Seite 41 (Kapitel Lebensmittel).

Ein weiterer wunderbarer Grund zu kochen ist für mich die stets anhaltende Freude am Umgang mit Lebensmitteln. Sinnesfreuden, wie der Anblick und der Geschmack gerade geernteter Erdbeeren, das Aroma perfekt gereifter Tomaten, der Geruch frischer Kräuter, die Saftigkeit einer Gurke, die trotz ihres hohen Wassergehalts einzigartig nach Gurke schmeckt. Für mich bedeuten diese Empfindungen pure Euphorie, die mein Leben täglich bereichert, das kulinarische Puzzleteil der Lebensphilosophie, sich an den kleinen Dingen zu erfreuen und diese bewusst wahrzunehmen. Welch Privileg, mit dem arbeiten und kreativ sein zu dürfen, was dieser einzigartige Planet hervorbringt!

Essen

Wenn wir über die Zubereitung von Lebensmitteln sprechen, müssen wir natürlich auch über den Verzehr derselben sprechen: Wann hast du das letzte Mal so richtig bewusst deine Mahlzeit genossen? Wann hast du dir das letzte Mal den Bissen auf der Gabel angeschaut, bevor du ihn in den Mund gesteckt hast? Wie oft kaust du, bevor du dein Essen herunterschluckst? Eine befreundete Heilpraktikerin hat mal zu mir gesagt: „Viele Beschwerden würden verschwinden, würden die Menschen ihr Essen einfach mehr und besser kauen."

Was auf den ersten Blick so banal klingt, ist bei näherer Betrachtung recht logisch. Vermehrtes Kauen führt dazu, dass wir bewusster darauf achten, wie viel wir essen, und eher aufhören, wenn wir ein Sättigungsgefühl verspüren; wir essen also nur so viel, wie unser Körper benötigt. Zudem vermeiden wir Verdauungsprobleme, und in Studien wurde sogar herausgefunden, dass Kauen die Durchblutung im Kopf fördert, da die Kopfmuskeln dabei gestärkt werden. Auch positive, stressreduzierende Auswirkungen auf das Nervensystem konnten nachgewiesen werden. Langsameres, bewussteres Essen wirkt sich also auf unseren gesamten Mechanismus positiv aus. Nun schaffe auch ich es nicht, jeden Bissen 50-mal zu zermalmen, aber ich habe mir in den letzten Jahren ein paar Gewohnheiten für ein gesünderes Essverhalten angeeignet:

1. Bevor ich etwas esse, prüfe ich, ob ich wirklich Hunger habe (oft verwechselt man Durstgefühl mit Hunger).

2. Ich esse gar nicht mehr im Gehen. Wenn ich mir unterwegs etwas hole, suche ich mir einen Platz, an dem ich bestenfalls sitzen oder zumindest in Ruhe stehen kann, und esse dort.

3. Wenn ich im Stress bin und dringend etwas essen muss, aber das Gefühl habe, keine Zeit zu haben (passiert häufiger in der Gastro-Küche), löse ich das so: Entweder ich esse schnell einen gesunden Snack zur Überbrückung (ein paar Nüsse, ein Riegel, ein Apfel, eine Banane) und plane später einen fixen Zeitraum ein, in dem ich eine Essenspause mache und z. B. meine Kollegin mich vertritt. Oder – Worst-Case-Szenario – ich mixe mir vor der Arbeit einen leckeren, gesunden Smoothie, der mich mit allem versorgt (Nüsse, Getreideflocken, Obst, Gemüse) und mit dem ich wiederum meinen Körper versorge.

Grundsätzlich versuche ich mir so gut wie möglich Zeit zum Essen zu nehmen, weil es sich dabei nicht nur um ein körperliches Grundbedürfnis, sondern auch um ein zutiefst emotionales handelt.

Emotional Eating

Wie fast alle weiblich sozialisierten Menschen, die ich kenne, hatte ich im Laufe meines Lebens Phasen, in denen mein Verhältnis zu Essen massiv gestört war. Auch wenn ich mit einer relativ harmlosen Essstörung davonkam und der Bulimie nach einigen Wochen gerade noch mal so von der Schippe gesprungen bin, kann ich sagen, dass einige Jahre meines Lebens stark vom Gedanken des Nicht-Essens bzw. Abnehmen-Wollens geprägt waren.

Der Begriff „Emotional Eating", also emotionales Essen, bezeichnet den Drang zu essen, ausgelöst sowohl durch positive wie auch negative Gefühle. Während die negative Komponente im Zusammenhang mit Essstörungen mehr mediale Aufmerksamkeit bekommt, gilt der Begriff aber auch für den Zusammenhang von Nahrungsaufnahme und positiven Gefühlen etwa bei sozialen Ritualen und Feierlichkeiten wie dem Zelebrieren von gemeinsamen Mahlzeiten.

Ich selbst hatte Phasen, in denen ich mich mit Mahlzeiten im Übermaß emotional belohnt habe, sodass klar war, dass die Schwelle des „sich etwas gönnen" drastisch überschritten wurde; spätestens als ich versuchte, dieses Essen mithilfe von Abführmitteln und eines in den Hals gesteckten Fingers wieder loszuwerden. Wenn dich das an dein eigenes Verhalten erinnert oder du andere Symptome von Essstörungen hast, rate ich dir dringend, professionelle Hilfe zu suchen. Je früher man es schafft, davon wegzukommen, desto einfacher ist es.

Mittlerweile habe ich zum Glück ein gesünderes Verhältnis zu meinem Körper und seiner Erhaltung durch Nahrungsaufnahme gefunden, aber das hat eine ganze Weile gedauert. Während ich diese Worte tippe, weiß ich, dass ich dieses Jahr einige Kilos mehr auf den Rippen habe, da Kochen und Essen mir im Lockdown viel emotionale Freude bereitet haben und ich schlichtweg weniger Kalorien verbrenne, wenn ich am Computer sitze, um dieses Buch zu schreiben, als wenn ich neun Stunden in der Gastro-Küche stehe. Aber ich bin okay damit und habe in meiner neuen Wohnung einfach weniger Spiegel aufgehängt, das hilft mir persönlich, die Vorstellung loszulassen, einer bestimmten Körpernorm entsprechen zu müssen.

Der „perfekte Teller"

Erst als ich begann, mich stärker damit auseinanderzusetzen, wurde mir klar, in welch großem Ausmaß unsere kulinarische Wahrnehmung sozial und kulturell geprägt ist. Wir alle verfügen über ein kulinarisches Gedächtnis, das beim Lieblingsessen unserer Kindheit und Gerichten, die wir damals gehasst haben, beginnt und sich unser ganzes Leben lang weiter entwickelt. Wir speichern dort positive sowie negative kulinarische Erinnerungen: Gerichte, die wir auf Reisen probiert haben, Lebensmittel, die uns eine Magenverstimmung beschert haben, und Speisen, die wir mit bestimmten kulturellen Feiertagen in Verbindung bringen.

Ein paar Beispiele dafür: Den Salbei mit dem intensivsten Geschmack brachte mir vor Jahren ein Freund von der Insel Kreta mit, ich bewahrte die kleine Menge getrockneter Blätter über Jahre wie einen Schatz auf, benutzte ihn in homöopathischen Dosen und schnupperte hin und wieder andächtig daran, weil ich noch nie so köstlichen Salbei gerochen hatte und ganz berauscht war davon. Die besten Mangos habe ich in Thailand gegessen, dort, wo sie wachsen. Ihr köstliches Aroma ist für immer in meinem Geschmacksgedächtnis verankert. Jahrelang konnte ich keine Austernpilze genießen, weil es mir mit 16 und in Kombination mit Piña Colada und Rotwein danach einmal sehr schlecht gegangen war. Und bis heute bedeutet Weihnachten für mich schlonziger Kartoffelsalat mit Mayonnaise und Essiggürkchen, im Mund zerfallende mürbe, buttrige Vanillekipferl und das traditionelle Schokoladenkonfekt mit Orangenzesten und Earl Grey, das ich mittlerweile selbst zubereite.

Gewohnheiten, Rituale und Erinnerungen können uns Komfort und emotionale Heimat bieten, wenn sie positiv konnotiert sind. Sie haben ihre Berechtigung, und gemeinsames Kochen und Essen bieten den perfekten Rahmen, sie zu pflegen, egal ob man sich im selben Raum befindet oder auch mal nur durch einen Computerbildschirm verbunden ist.

Nichtsdestotrotz sollte man Gewohnheiten und Prägungen durchaus hinterfragen, und manchmal profitieren wir davon, uns von nicht mehr zeitgemäßem Quatsch zu lösen. Besonders wenn es um den Konsum tierischer Produkte geht, berufen sich viele von uns auf die Gewohnheit: Das war schon immer so, dann soll das auch so bleiben. Die Industrie, die tierische Produkte vertreibt, erzählt uns dieses Märchen zudem gerne in bunten, harmonischen Bildern, für deren Produktion und Verbreitung sehr viel Geld ausgegeben wird. Dabei wird natürlich außer Acht gelassen, welche katastrophalen ökologischen Folgen unser Fleisch-, Milch- und Fischkonsum hat und dass das gar nicht „schon immer so" war. Im Jahr 1860 verspeiste man hierzulande im Durchschnitt 6 Liter Milchprodukte im Jahr. 1910 waren es dann bereits 42 Liter, im Jahr 2000 satte 241 Liter. Die Tendenz ist nach wie vor steigend, und beim Fleisch- und Fischkonsum sieht es ähnlich aus. Gleichzeitig stecken wir jetzt schon mitten in einer Klimakrise, die von den Auswirkungen der tierverarbeitenden Industrie und der Überfischung der Weltmeere noch befeuert wird. Jeden Tag Schnitzel, Aufschnittwurst, Käse, Kuhmilch und Eier war noch nie „normal" und ist zudem einfach nicht mehr zeitgemäß.

In meiner Tätigkeit als Köchin pflanzlicher Küche bin ich über die Jahre immer wieder damit konfrontiert worden, wie schwierig es für manche Menschen ist, außerhalb eines gewohnten Schemas zu denken und eingeübte kulinarische Gewohnheiten hinter sich zu lassen. Das beste Beispiel für mich: der „perfekte Teller". In einem traditionell deutschen Restaurant besteht er aus einem großen Stück Fleisch mit Sauce, einer Portion Kohlenhydrate (Nudeln, Kartoffeln, Reis) und eventuell noch einer Gemüsebeilage und/oder einem Beilagensalat. Viele Menschen versuchen, wenn sie weniger Tier essen wollen, einfach das Schnitzel mit einem Ersatzprodukt auszutauschen, und wenn es nicht 100 Prozent genauso schmeckt, sind sie schnell enttäuscht und behaupten: „Pflanzliche Küche schmeckt nicht!" Was natürlich Blödsinn ist – wenn sie nicht schmeckt, dann liegt es daran, dass sie von schlechten, engstirnigen Köch*innen zubereitet wurde. Dass ein „perfekter Teller"

auch ein großes Stück Gemüse in den Mittelpunkt rücken kann und Hülsenfrüchte eine sogar noch wesentlich gesündere Proteinquelle bilden als Fleisch und Fisch, ist für mich keine Neuigkeit, für viele andere Menschen aber kaum vorstellbar.

Worauf ich hinauswill, ist, dass **alles, was dir guttut,** ein „perfekter Teller" sein kann und dieser nicht immer aus den drei gleichen Komponenten bestehen muss. Zum Beispiel ist es manchmal vollkommen befriedigend, einfach nur Kartoffelbrei pur zu löffeln oder eine Suppe ohne irgendetwas dazu, auch wenn Vielfalt von Geschmäckern und Konsistenzen natürlich grundsätzlich gut bzw. besser ist.

Abseits des „perfekten Tellers" zu denken ist für intuitives Kochen essenziell, weil wir uns sonst unfreiwillig ein Gedankengefängnis bauen, zu dessen Tür wir doch die Schlüssel eigentlich selbst in der Hand halten. Was ich damit meine, ist das unnötige Festhalten an vorgegebenen Rezepten und Prägungen. Ich koche so oft „Gerichte, die keinen Namen haben"; keinen Namen deshalb, weil sie nicht dem klassischen Komponenten-Teller entsprechen bzw. ich sie mir selbst spontan ausgedacht habe. Manchmal bestehen diese Gerichte aus einer, manchmal aus 20 Komponenten. Ich folge meiner Neugierde und dem, was meine Vorräte hergeben, und vermeide so nicht nur Lebensmittelverschwendung, sondern entdecke auch neue Geschmackskombinationen, von denen es manche in das regelmäßige Repertoire schaffen. Regeln sind dazu da, um sie zu brechen und neu zu definieren.

Kulturelle Aneignung

Grundsätzlich ist es ganz normal, dass wir Speisen und Lebensmittel verschiedener Kulturen aufgreifen bzw. dass sich diese vermischen. Ein Phänomen, das sich durch die gesamte Menschheitsgeschichte zieht, für das es viele unterschiedliche Ursachen gibt und das – idealerweise – eine kulturelle Bereicherung darstellt. Problematisch wird es erst in dem Moment, in dem diese sogenannte kulturelle Aneignung von einer wirtschaftlich dominanten Gruppe ausbeuterisch gegenüber marginalisierten Gruppen betrieben wird oder wenn verschiedene Kulturen aus westlicher Sicht ohne jegliches Feingefühl „in einen Topf geworfen" werden. Wenn etwa weiße Köch*innen sich zu Expert*innen japanischer Küche stilisieren oder wenn deutsche Firmen Lebensmittel als koreanisch bezeichnen, ohne dass die Zutaten irgendetwas mit dieser typischen Landesküche gemein haben. Oder wenn Logos und Namen von Produkten die vermeintlichen Herkunftsländer und ihre Bewohner*innen karikieren, dann ist das außerdem noch rassistisch. Ein typisches deutsches Beispiel sind „asiatische Gerichte" oder Lebensmittel nach „Asia-Art": Asien ist mit einem Drittel der Landmasse flächenmäßig der größte Erdteil. Mit über vier Milliarden Menschen, mehr als der Hälfte der Weltbevölkerung, ist dieser Erdteil auch der einwohnerstärkste. Es gibt 47 international anerkannte Staaten Asiens. Erscheint es da nicht völlig undifferenziert, wenn wir Deutschen Speisen einfach als „asiatisch" bezeichnen?

Wer kulinarische Abenteuer erleben möchte, sollte beim Blick über den Tellerrand auch Fragen stellen und zuhören. Sich über die Herkunft von Speisen und Traditionen zu informieren und diesen Respekt zu zollen, hält uns nicht davon ab, Neues auszuprobieren und selbst interpretieren zu dürfen. Aber bitte mit Bedacht und Verstand. Es tut immer gut, sich mal von der eurozentristischen Sichtweise zu entfernen und zu verstehen, dass wir und unsere Kultur nicht der Nabel der Welt sind.

Was kommt auf den Teller?

Auch wenn ich als Aufhänger für dieses Kapitel auf der vorherigen Seite den geläufigsten Begriff „Lebensmittel" verwende, möchte ich zu diesem Thema eine kurze Erklärung liefern:

Lebensmittel und Nahrungsmittel

Viele Menschen wissen nicht, dass diese Begriffe Unterschiedliches bezeichnen. Im Begriff „Lebensmittel" steckt das Wort „Leben", er benennt Essbares, das gar nicht oder nur wenig verändert bzw. verarbeitet wurde.

- **Naturbelassene Lebensmittel:** Nüsse, Samen, Getreide, Obst und Gemüse im rohen Zustand, Honig, Eier, Milch, Quellwasser.

- **Mechanisch veränderte naturbelassene Lebensmittel:** Öle, Mehl, Salate, naturtrübe Säfte, Milchprodukte, Leitungswasser.

- **Fermentativ veränderte Lebensmittel:** Hefe- und andere Bakterien, Gärsäfte, Gärgemüse wie Sauerkraut, Quark und Käse, Getränke wie Wein, Most und Bier.

> Lebensmittel sind ernährungstechnisch besonders wertvoll und sollten (außer Alkohol) in größeren Mengen bevorzugt verzehrt werden.
>
> Nahrungsmittel hingegen sind Lebensmittel, die erhitzt, konserviert oder auf andere Weise verändert wurden.

- **Erhitzte Nahrungsmittel:** Gebäcke wie Brot, gekochte Breie aus Vollkorn, Früchten oder Gemüse, gekochtes Obst und Gemüse, zubereitetes Fleisch und Fisch, gekochte Milch, Tee, Brühe.

- **Konservierte Nahrungsmittel:** Eingewecktes Obst und Gemüse, Marmeladen, Wurst- und Milchkonserven.

- **Präparierte Produkte:** Raffinierte Öle, Margarine, raffinierter Zucker, Stärke, Grieß, Nudeln, Aromastoffe, Vitamine.

Rohe oder mechanisch verarbeitete und fermentierte Lebensmittel sollten die Basis einer ausgewogenen Ernährung bilden, kombiniert mit erhitzten Nahrungsmitteln. Konservierte und präparierte Nahrungsmittel sind ernährungsphysiologisch nicht so wertvoll und sollten nur in Maßen konsumiert werden.

Regional, biologisch, fair & unverpackt

Nach diesen Grundsätzen versuche ich meine Lebensmittel zu beziehen. Dabei geht es mir nicht um Dogmatismus, sondern darum, ein Bewusstsein für die Auswirkungen zu entwickeln, die unser Konsum mit sich bringt. Ausnahmen sind erlaubt und normal, doch schon wenn wir es beispielsweise schaffen, zu 70 % regional und in Bio-Qualität oder all unser Gemüse unverpackt einzukaufen, wirkt sich das positiv auf das Klima aus. Und wenn wir uns daran gewöhnen, Waren wie Bananen, Kaffee und Schokolade in Bio-Qualität und verbürgt fair produziert zu beziehen, handeln wir umwelt- und mitmenschenfreundlicher.

Regional

Für den Begriff „Regionalität" gibt es keine feste Definition, deshalb kann er sowohl „vom Bauernhof um die Ecke" als auch „in Deutschland hergestellt" bedeuten. Bei Obst und Gemüse bedeutet das für mich, dass sie aus meinem oder den umliegenden Bundesländern stammen. Wenn ich bei der Herkunft von Produkten zwischen solchen aus Import und heimischem Anbau wählen kann, entscheide ich mich für die deutsche Ware. Nicht weil ich Patriotin bin, sondern weil kürzere Transportwege weniger Umweltbelastung in Form von CO_2-Emissionen bedeuten und ich zusätzlich den (biologischen) Anbau dieser Produkte in meiner Umgebung damit unterstützen kann. Produkte, die mir hier einfallen, sind z. B. in Deutschland angebautes (Pseudo-)Getreide wie Quinoa, Hirse oder Hafer, Hülsenfrüchte wie Linsen oder Lupinen und Nüsse.

Wichtig bei diesem wie den anderen Grundsätzen ist, dass sie variieren und nicht in Stein gemeißelt sind. Wenn ich etwa nahe einer innereuropäischen Grenze wohne, kann es für mich auch regional sein, Produkte aus dem Nachbarland zu beziehen. Wenn es sich um Produkte handelt, die regional nicht verfügbar sind, versuche ich diese möglichst in Bio-Qualität und fair produziert zu bekommen. Ja, das ist mit zusätzlichem Aufwand verbunden, aber ich finde es wichtig, mich damit auseinanderzusetzen, woher das Essen auf unseren Tellern stammt und unter welchen Bedingungen für Mensch, Tier und Natur es hergestellt wurde. Zudem will ich wissen, womit ich meinen Körper (er)nähre und dass mir die Nahrung nicht schadet.

Beides sollte in einer idealen Welt die Regel und nicht die Ausnahme darstellen; leider sieht die Realität von Produktion und Beschaffenheit unserer Lebensmittel anders aus: Nachhaltigkeit und Gesundheit spielen oft nur eine untergeordnete Rolle.

Bio und fair?

Deshalb ist bio für mich der kleinste gemeinsame Nenner für Lebensmittelqualität, der Standard sein sollte und bedeutet: kein Gift und keine künstlichen Inhaltsstoffe in Lebensmitteln. Bio bietet ein Mindestmaß an Nachhaltigkeit, Gen-Freiheit, Chemie-Freiheit und fairen Preisen für die Erzeuger*innen. Wo bio draufsteht, ist grundsätzlich bio drin, auch wenn Bio-Richtlinien in manchen Bereichen bis an ihre Grenzen ausgereizt werden bzw. sich stark kapitalistischen Mechanismen unterwerfen müssen: So drücken beispielsweise Discounter-Supermärkte die Preise ihrer Bio-Zulieferer oder bieten nur kurzfristige Abnahmesicherheit, was für kleine Betriebe problematisch sein kann. Deshalb würde ich in diesem Kontext immer unabhängige Lebensmittelgeschäfte, Märkte, Kooperativen, Direktbezug wie Bio-Kisten oder ganzheitliche Bio-Märkte empfehlen, weil sie nachhaltiger wirtschaften und für alle Beteiligten bessere Bedingungen bieten.

Kritik an Bio-Landwirtschaft kommt übrigens interessanterweise fast immer aus dem Dunstkreis konventioneller Lebensmittelerzeugung und konservativer Medienhäuser, die oft auf Werbeeinnahmen aus dem konventionellen Bereich angewiesen sind. Ich muss mich immer wieder wundern, wie viel Energie dafür aufgebracht wird, nach Makeln und Verstößen innerhalb eines Wirtschaftszweigs zu suchen, der zwar stetig wächst, aber mit 12,9 % Anteil der landwirtschaftlichen Betriebe nach wie vor eine Minderheit darstellt. Achte mal darauf, wenn du das nächste Mal jemanden gegen bio argumentieren hörst …

Defizite in fairer Erzeugung und fairem Handel finden wir am häufigsten bei Produkten aus dem globalen Süden wie Kaffee-, Kakaobohnen, Bananen und Gewürzen. Das Spektrum reicht von schlechter Bezahlung der Landwirt*innen bis hin zu Kinderarbeit und moderner Sklaverei.

Wichtig ist zu verstehen, dass bio bei diesen Produkten nicht immer automatisch fair erzeugt und gehandelt bedeutet, oft aber Hand in Hand geht, da viele Bio-Hersteller*innen in den Erzeugerländern gesamtheitliche Unternehmensphilosophien umsetzen, bei denen neben dem Wohl der Umwelt auch das Wohl der Menschen eine tragende Rolle spielt. Die meisten Bio-Produzent*innen beziehen ihre Rohstoffe grundsätzlich fair, und sollten diese nicht über eines der geläufigsten fairen Siegel verfügen *(Fairtrade, Gepa, UTZ)*, wird dies durch eine für uns Endverbraucher*innen nachvollziehbare Lieferketten-Transparenz sichergestellt.

So unverpackt wie möglich

- Obwohl ich tief im Thema bin, fällt es auch mir immer noch schwer, so wenig Plastikmüll wie möglich zu produzieren. Deshalb versuche das in allen Bereichen, in denen es Alternativen gibt, zu vermeiden:

- Gemüse und Obst unverpackt im Bioladen, auf dem Wochenmarkt, in der Bio-Kiste einkaufen.

- Lebensmittel im Pfandglas kaufen: (pflanzliche) Milch, Säfte und immer mehr Trockenprodukte wie Nüsse und Tees.

- Lebensmittel in speziellen Unverpackt-Läden oder Unverpackt-Abteilungen von Bio-Märkten kaufen (Liste schreiben und Sammeleinkauf planen).

- Eigene Verpackungen mitbringen: Stoffsack in der Bäckerei, eigene Box bei Take-away. Die Webseite *Einmal Ohne Bitte (www.einmalohnebitte.de)* zeigt Läden, die das anbieten, aber man kann überall höflich fragen, klappt fast immer.

Die Kosten

Wenn ich über Bio-Lebensmittel spreche, kommt immer das Argument, man könne sich nachhaltig produzierte, hochwertige oder fair gehandelte Lebensmittel nicht leisten. Meine Gegenfrage: „Was kostet unser Essen? Und für wen kostet es was?"

Ich verstehe Bedenken nach der Leistbarkeit von Menschen, die in unterbezahlten Jobs um ihre Existenz kämpfen. Hier kann die Lösung aber nur lauten, dass diese Menschen besser verdienen und staatliche Unterstützungen erhöht werden sollten, statt Essen künstlich billig zu halten. Oft kommt das Argument aber von jenen, die gut bezahlte Berufe haben und schlichtweg nicht bereit sind, mehr für Essen auszugeben. Alles eine Frage der Sozialisation, leben wir doch in einem Land, in dem „Geiz ist geil" zu einem der abartigsten und gleichzeitig bekanntesten Werbeslogans wurde. Im internationalen Vergleich gibt es ein Riesengefälle bei den Pro-Person-Ausgaben für Nahrungsmittel, mit dem Fazit: Je höher das Einkommen, desto weniger wird in Essen investiert. In den USA sind es durchschnittlich 6 % des Einkommens, in Nigeria 56 %. Deutschland ist mit 9 % ziemlich weit vorne bei den Sparfüchsen. Diese Zahlen verdeutlichen erneut, dass westliche Industrieländer den globalen Süden bis heute systematisch wirtschaftlich ausbeuten und wir zudem auch hierzulande Raubbau an den eigenen Ressourcen betreiben. Wir leben auf Pump: Gegenüber der Umwelt, unserem gesamten Ökosystem und den Menschen, deren Energie, Rohstoffe und Bodenschätze wir beanspruchen. Nur so sind unsere niedrigen Ausgaben möglich.

Wenn Erzeuger*innen – und somit wir Konsument*innen – die wahren (von der Wissenschaft sogenannten „externen") Kosten für die bei der Lebensmittelerzeugung verursachten Umweltschäden bezahlen müssten, würde konventionelles Gemüse 6 % mehr kosten, Milch wäre um ein Drittel und Fleisch ganze 43 % teurer. Aufgrund des wirtschaftlichen Drucks sind konventionelle Landwirt*innen gezwungen, so billig und viel wie möglich zu produzieren, ohne Folgeschäden für die Zukunft zu berücksichtigen. Ein System, das bereits zu kollabieren beginnt, schon heute sind die Böden übersättigt und die Umweltbelastungen massiv. Der Ausweg ist eine Agrarwende, bei der durch regenerative Anbauformen der Chemieeinsatz drastisch reduziert würde, mit der Konsequenz, dass die Preise steigen würden.

Jetzt, wo du diese Fakten auf dem Teller hast, lass uns über dein Einkaufsbudget sprechen. Ich bin davon überzeugt, dass man Geld spart, wenn man seine Kaufgewohnheiten unter die Lupe nimmt und nachhaltiger gestaltet. Satte 40 % von den 18 Millionen Tonnen Lebensmitteln, die deutschlandweit jährlich im Müll landen, werden in Privathaushalten verschwendet – ein Schätzwert von 235 € pro Person. Dass wir Lebensmittel so leichtfertig wegschmeißen, ist ein Luxusproblem. Wären sie teurer, könnten wir uns das nicht leisten. Wenn wir mehr von dem, was wir in den Einkaufswagen packen, auch wirklich aufbrauchen, benötigen wir weniger und können das gesparte Geld in nachhaltiger erzeugte Ware investieren. Und wenn wir frische Mahlzeiten zubereiten und unseren Kochalltag intuitiver gestalten, verschwenden wir weniger, da wir beginnen, Lebensmittel mit größerer Wertschätzung zu betrachten und als Werkstoff zu begreifen.

Ein besserer Überblick über unsere frischen Lebensmittel und unsere Vorräte sorgt zudem dafür, dass „weniger durchrutscht", das wir verschwenden, weil es schlecht wird oder doppelt angeschafft wurde.

Diese Tipps und Grundsätze haben mir dabei geholfen:

- **Inventur:** Regelmäßig Überblick verschaffen und Aufbrauch-Listen für Frisches, Trockenvorräte und Tiefgekühltes schreiben.

- **Einkauf:** Eine Einkaufsliste schreiben, nicht hungrig einkaufen und somit weniger Impulskäufe tätigen.

- **Planung:** Ob für die nächsten Tage oder die ganze Woche – Planungsstruktur vermindert Verschwendung, und je intuitiver man wird, desto einfacher geht's.

- **Verknappung:** Riskieren, dass auch mal was ausgeht; wir leben in einem Land, das uns sogar in Krisenzeiten Vollversorgung garantiert und uns 6 Tage die Woche offene Geschäfte bietet. Meist reicht alles länger als vermutet, und wenn nicht, fördert das die Kreativität: beispielsweise statt Abendbrot selbst gemachte Fladenbrote aus Vorratszutaten.

- **Saisonal-regionale Basics:** Geld sparen bei günstigen Lebensmitteln wie Kartoffeln, Zwiebeln, Karotten, Kohl, Lauch, Salat, Äpfeln – und teurere wie Nüsse, Samen, Ersatzprodukte in kleineren Mengen verwenden.

> Fazit: Lieber durch bewusstes, cleveres Einkaufsverhalten sparen als durch den Konsum ausbeuterisch produzierter, minderwertiger Lebensmittel.

Die Versorgung im Alltag

Du arbeitest von zu Hause und gehst am liebsten morgens einkaufen, wenn die Geschäfte noch leer sind? Du nutzt den Heimweg von der Arbeit, um im Bioladen oder am Gemüsestand deines Vertrauens etwas zu besorgen? Du zelebrierst den samstäglichen Marktbesuch und lässt dir richtig Zeit beim Aussuchen und beim Plausch mit den Produzent*innen? Du bist Teil einer Kooperative oder lässt dir eine Bio-Kiste nach Hause bringen, um lokale Produzent*innen zu unterstützen? Wir haben so viele Möglichkeiten, uns zu versorgen. Wenn du noch unsicher bist, welche Routine am besten zu dir passt, solltest du verschiedene ausprobieren.

Für manche Menschen ist die Gemüse-Kooperative oder Bio-Kiste super und sie verarbeiten problemlos den gelieferten Warenkorb. Für andere erzeugt die große Menge enormen Stress, alles rechtzeitig zu verarbeiten, und sie bevorzugen den Einkauf überschaubarer Mengen. Wieder andere wollen vielleicht noch einen Schritt weiter gehen und einen Ackerteil mit bewirtschaften oder im eigenen Garten Gemüse anbauen, weil die Arbeit ihnen eine willkommene und entspannende Abwechslung zum Büroalltag bietet. Bio-Kisten und Ackerteile lassen sich auch super mit Freunden und Familie teilen und testen. Ich bin Genossin bei der veganen Landwirtschafts-Kooperative *Plantage*, dort kann ich mithelfen, muss aber nicht, und bekomme für 79 € monatlich vier prall gefüllte Kisten mit köstlichem Bio-Gemüse – das sind weniger als 20 € pro Woche, also in unserem Zweipersonenhaushalt 10 € pro Mensch. Für uns ist die Menge mehr als ausreichend, wir verschenken auch mal etwas, machen Tauschgeschäfte im Freundeskreis oder verarbeiten Gemüse zu Saft und kaufen wenig zu. Zudem unterstützen wir ein großartiges regionales Landwirtschaftsprojekt.

Auch in Gegenden in denen solche Kooperativen noch nicht so verbreitet sind, lohnt sich die Recherche nach Hofläden, Märkten, Direktvermarktung und kleinen

Produzent*innen, und oft findet man mehr als vermutet. Du hast einen Bio-Supermarkt direkt um die Ecke? Auch gut. Am Ende ist am wichtigsten, dass deine Einkaufs- und Versorgungsgewohnheiten für dich funktionieren, zu deinem Alltag passen und dich nicht überfordern. Finde raus, was dir guttut und Freude bringt.

Lagerung und Pflege

Auch nach dem Einkauf erhöhen Aufmerksamkeit und Fürsorge im Umgang mit Lebensmitteln deren Lebensdauer enorm. Beispielsweise gilt für alle Gemüse- und Obstsorten: Die Lebensmittel stets gleich von Kunststoffverpackungen befreien und entweder „nackig", in ein Küchentuch geschlagen oder in einer Vorratsdose lagern. Gemüseblätter (z. B. von Kohlrabi, Karotte, Bete, Radieschen) immer sofort entfernen und zur Verwertung extra lagern (eingeschlagen in ein feuchtes Küchentuch), sie entziehen dem Gemüse Feuchtigkeit und separat hält beides länger.

GEMÜSEBLÄTTER

Sie können (fast) immer mitgegessen werden, und wer sie wegschneidet / wegschmeißt, wirft nicht nur wertvolle Nährstoffe in die Tonne, es wird auch ein ganz schön umfangreicher Teil Gemüse verschwendet. Wenn es sich um Blätter aus Bio-Anbau handelt, also einfach probieren. Manche sind roh ziemlich ungenießbar, weil sie z. B. sehr hart sind (Möhrengrün) oder Härchen haben (Rettich / Radieschen), weiterverarbeitet aber köstlich, egal ob püriert für Pesto, Dips und Suppen oder gedünstet als Zugabe zu Gemüsegerichten.

Nicht zum Verzehr geeignet sind dagegen:

- Giftige Blätter (bei Kartoffeln und Zierkürbissen)

- Blätter aus konventionellem Anbau (wahrscheinlich mit Pestiziden behandelt)

- Blätter mit zu holziger Konsistenz und / oder die ganz einfach nicht schmecken

---

Frische Lebensmittel mit kurzer Haltbarkeit

Sie solltest du möglichst frisch und in den Mengen kaufen, die du auch tatsächlich verzehrst, weil sie selbst unter optimalen Lagerbedingungen nicht lange halten. Dazu zählen druckempfindliche Früchte wie Beeren, Steinobst (Pfirsiche, Nektarinen, Aprikosen), Pflücksalate (Feldsalat, Rucola, Wildkräutersalate), frische weiche Kräuter und Sprossen.

- **Beeren:** Gleich nach dem Einkauf nach matschigen und stabilen Früchten sortieren. Die stabilen im Kühlschrank lagern bzw. verzehren, die matschigen weiterverarbeiten: ab in das Tiefkühlfach und/oder den Mixer; ein Püree hält auch im Kühlschrank etwa vier Tage und kann für Müslis, Smoothies, Desserts, zum Backen verwendet werden. Ganze oder pürierte gefrorene Beeren sind außerdem wertvolle Zutaten für die Zeit, in der keine Beerensaison ist.

- **Steinobst:** Reifes Steinobst hält im Kühlschrank etwas länger, unreifes reift nur bei Zimmertemperatur nach.

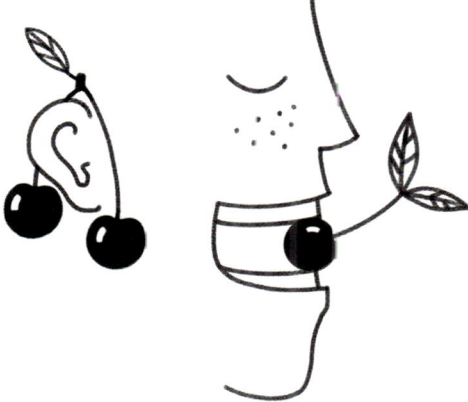

- **Pflücksalate und Sprossen:** Beides direkt nach dem Einkauf gründlich waschen und mit einer Salatschleuder oder einem frischen Geschirrtuch vorsichtig trocknen. In einer Vorratsdose im Kühlschrank lagern.

- **Kräuter:** Kräuter mit höherem Wassergehalt (Basilikum, Petersilie, Dill, Koriander, Liebstöckel etc.) halten am besten im Kühlschrank in einem Glas mit Wasser oder in ein feuchtes Tuch gewickelt. Werden sie schlapp, kann man sie in Saucen, Smoothies, Dips, Suppen etc. verarbeiten. Harte Kräuter wie Rosmarin, Thymian, Salbei bei Überschuss einfach bei Zimmertemperatur trocknen, das klappt ausgebreitet auf einem Teller oder aufgehängt im Bund.

Lebensmittel mit längerer Haltbarkeit

Sie kann man entweder im Kühlschrank oder bei Zimmertemperatur lagern.

- **Kühlschrank:** Beim Einräumen des Kühlschranks lohnt es sich, systematisch vorzugehen. Zwischen dem kältesten und dem wärmsten Fach herrscht ein Temperaturunterschied von bis zu 6 °C. Wer die Kältezonen richtig nutzt, erhöht die Haltbarkeit von Lebensmitteln. Das oberste, wärmste Fach ist ideal für Marmeladen, Senf, Saucen oder geöffnete Gläser mit Aufstrichen oder Ähnlichem. Die kühlere Mitte eignet sich für leicht verderbliche Produkte wie bereits geöffnete (pflanzliche) Milchprodukte. Auch Milch ist sie hier besser aufgehoben, obwohl sie meistens im Innenfach der Tür gelagert wird. Dieses Türfach hat die gleiche Temperatur wie das oberste Fach und passt besonders für Getränke. Die Glasfläche über dem Gemüsefach ist der kälteste Ort und eignet sich für die am schnellsten verderblichen Lebensmittel wie etwa tierische Produkte und Sprossen. Ins Gemüsefach gehören Salate, Kohl, Wurzelgemüse, Bete, Rettiche, Radieschen, Lauch, Kohlrabi, Melonen etc. Gurken und Zucchini verlieren im Kühlschrank an Aroma, lieber tagesfrisch kaufen und direkt verarbeiten.

Wichtig ist, den Kühlschrank regelmäßig gründlich zu reinigen. Ich wasche einmal die Woche das Gemüsefach aus und wische die Einlagen ab, einmal im Monat räume ich ihn aus und spüle alles gründlich ab.

- **Lagerung bei Zimmertemperatur:** In einem kühlen, trockenen, unbeheizten Raum halten Lebensmittel länger als an einem zu warmen Ort. Bei Obst und Gemüse spielt der Flüssigkeitsverlust eine große Rolle bei der Lagerung, je wärmer es ist, desto schneller trocknen sie aus. Feuchtigkeit befördert Schimmel und Fäulnis und sollte vermieden werden. Folgende Lebensmittel können gut bei kühler Zimmertemperatur gelagert werden: Kartoffeln, Zwiebeln, Süßkartoffeln, Paprika, Avocados, Knoblauch, Sellerieknollen, Kürbisse, Tomaten, Äpfel, Bananen, Birnen, Zitrusfrüchte.

TIPP

Wenn du noch mehr über die einzelnen Lebensmittel lernen möchtest, empfehle ich dir mein Buch „Zero Waste Küche", dort habe ich 40 Lebensmittelgruppen detailliert porträtiert mit Infos zu deren Lagerung, Geschichte, Bedeutung, Nachhaltigkeit und vielen Verwertungsideen.

Die Küche – Ort der Glückseligkeit

Egal ob du eine klitzekleine oder gigantische Küche zur Verfügung hast, wichtig ist, dass du dich darin wohlfühlst und das Beste draus machst. Ich spreche aus Erfahrung: Zehn Jahre habe ich all meine Rezepte in der Drei-Quadratmeter-Küche einer Einzimmerwohnung entwickelt und den Großteil meiner Bücher dort geschrieben – weil es mein Wohlfühlort war. Über die Jahre wuchsen die Regale bis zur Decke, um all meine Kochutensilien unterbringen zu können, doch ich lernte zu optimieren und konzentrierte mich auf die Vorzüge: Tageslicht, eine hervorragend zum Teigkneten geeignete Arbeitsfläche, ein Gasherd und ein wunderschöner Terrazzo-Steinboden, der der Küche ein 60er-Jahre-Flair verlieh. Dass alles, was versehentlich auf diesen Boden fiel, zerbrach, sei vergessen. Seit Kurzem bin ich nun Besitzerin meiner Traumküche (Seite 8/9) mit tollem Design, energieeffizienten Geräten, und irgendwie habe ich immer noch zu wenig Platz … aber gelernt, was wichtig ist, damit die Zubereitung von Lebensmitteln noch mehr Spaß macht:

- **Optimierung:** Auch für kleine Räume gibt es viele tolle Ideen, mit denen man den vorhandenen Stauraum effizient nutzen kann: Ob mit magnetischen Messerleisten, klappbaren Abtropfgestellen, Hängekörben für Obst oder Hakenleisten für häufig verwendete Werkzeuge.

- **Priorisierung:** Welche Werkzeuge und Lebensmittel benutze ich dauernd, welche selten? Danach richte ich meinen Arbeitsplatz ein. Selten genutzte Geräte und Vorräte wohnen in der Abstellkammer, dauernd genutzte Gewürze, Öle und Werkzeuge stehen griffbereit neben dem Herd bzw. in der obersten Schublade.

- **Beleuchtung:** Wer schlecht sieht, schneidet sich schnell in den Finger. Die Arbeitsflächen sollten immer ausreichend beleuchtet sein; wer sich einen Arbeitsplatz am Fenster einrichten kann, umso besser.

- **Passform:** Als Köchin merkte ich schnell, dass zu niedrige oder zu hohe Arbeitsflächen Rückenprobleme verursachen. Auch zu Hause ist es deshalb wichtig, die Küche dem Körper anzupassen: Dies sollte beim Kauf einer neuen Küche für alle, die darin kochen werden, berücksichtigt werden; Differenzen lassen sich mit dicken Schneidebrettern oder Tritthockern ausgleichen.

- **Sauberkeit:** Es ist einfacher, die Küche sauber zu halten, wenn Reinigungsutensilien und -mittel in ausreichender Menge griffbereit vorhanden sind.

- **Gemütlichkeit:** Ob Kräutertöpfe auf dem Fensterbrett oder eine Sitzbank für Gäste, je nach Größe und Möglichkeit sollte man die Küche so gestalten, dass man sich darin pudelwohl fühlt.

Trockenvorräte

Ähnlich wie bei frischen Lebensmitteln neigen wir auch bei Trockenvorräten dazu, viel zu viel einzukaufen, und die meisten von uns verlieren dann gerne mal den Überblick, was zu Hause so rumliegt. Als die Covid-19-Pandemie uns den ersten Lockdown bescherte und einige Menschen anfingen, Mehl, Zucker und Co. zu hamstern, dachte ich mir: „Wahrscheinlich haben wir fast alle genug daheim, um davon mindestens ein bis zwei Monate überleben zu können!" Gesetzt den Fall, man weiß, woraus man was zubereitet. Deshalb mein Ratschlag: weniger einkaufen und mithilfe von regelmäßiger Inventur und Planung den Überblick behalten.

Was ich zu Hause habe und was ich daraus mache:

- **Hülsenfrüchte:** Je nachdem, wie oft du Hülsenfrüchte isst, macht es Sinn, mehrere Sorten für mehr Abwechslung zu bevorraten. Ich habe gerne mindestens eine Bohnensorte, ein bis zwei Linsensorten und Kirchererbsen daheim. Wenn eine Bohnensorte aufgebraucht ist, probiere ich eine neue aus und finde bei dem ständig wachsenden Angebot im Bioladen so über die Zeit meine Favoriten. Was nie fehlen darf, ist eine Sorte schnellkochende Linsen für Tage mit wenig Zeit und Mungbohnen, weil ich die als Sprossen einfach liebe (Zubereitung Seite 118).

- **Getreide:** Mindestens zwei bis drei Getreidesorten, die ich gekocht etwa als Risotto oder als Füllung für Gemüse zubereiten kann, z. B. Dinkel, Weizen, Gerste, Reis. Als Variante gibt es hier geschliffenes Getreide, genannt Graupen, das zwar aufgrund des Verarbeitungsprozesses weniger Nährstoffe enthält, aber leichter zu verdauen ist. Weizengrütze ist auch als Bulgur bekannt. Ich variiere gerne beides, gesünder ist natürlich ganzes Korn. Zudem habe ich immer Vollkornreis zu Hause und manchmal noch zusätzlich Risottoreis, Milchreis oder Sushireis.

- **Pseudogetreide:** Das sind Körnerfrüchte von Pflanzenarten, die nicht (wie Getreide) zur Familie der Süßgräser gehören, aber genauso verwendet werden, z. B. Quinoa, Buchweizen, Amarant. Sie sind – bis auf Buchweizen – hochpreisiger, deshalb kaufe ich sie in kleineren Mengen und koche sie nicht so oft und habe meistens nur eine Sorte vorrätig.

FOTO VORHERIGE DOPPELSEITE

So lagere ich meine Trockenvorräte. Ich bevorzuge Schraubgläser, diese stammen aus dem Café, in dem ich arbeite, und waren ursprünglich mit Apfelmus gefüllt, das wir dort zum Backen benutzen. Vielleicht gibt es Glaskonserven, die du sowieso regelmäßig kaufst, die du weiterverwenden kannst?

- **Nüsse, Mandeln und Samen / Saaten:** Da sie aufgrund des Fettgehalts leicht ranzig werden, empfehle ich, lieber überschaubare Mengen zu kaufen. Nüsse in guter Bio-Qualität sind teuer, aber durch geschickte Mischkalkulationen mit Samen und gerösteten Pseudogetreiden (etwa wenn man sie als Topping verwendet) kann man Geld sparen: Sonnenblumenkerne, Kürbiskerne, Leinsamen und Buchweizen sind wesentlich günstiger und superlecker und gesund. Oder um mich selbst zu zitieren: „Nüsse sind das Fleisch der Veganer*innen – lieber etwas mehr ausgeben und in bewussten Dosen verzehren." Außerdem habe ich stets Kokosraspel oder -flocken auf Vorrat, um daraus schnell Kokosmilch zu machen (Seite 209).

- **Nussmus:** Es passt als Brotaufstrich (z. B. als Butterersatz zu Marmelade), als Topping für Süßspeisen, Porridge, Müsli, zur Verfeinerung von cremigen Saucen (Seite 210) und Dips oder zum Backen (Kekse, Seite 223): Nussmuse lassen sich vielseitig einsetzen und sind zudem sehr gesund. Auch hier gibt es hochpreisigere (Mandelmus, Haselnussmus) und günstigere Varianten (Erdnussbutter, Tahina).

- **Mehl:** Als Brotbäckerin habe ich immer Weizenvollkorn-, Roggenvollkorn- sowie helles Weizenmehl zu Hause, manchmal auch Dinkelmehl. Für den normalen Hausgebrauch (zum Backen, für Mehlschwitzen und Teige) reicht aber ein helles und ein nährstoffreicheres Vollkornmehl. Vollkornmehl wird mit dem Keim vermahlen und somit schnell ranzig, deshalb sollte es innerhalb eines Monats verbraucht werden. Zudem nimmt es wegen der enthaltenen Schalenanteile mehr Flüssigkeit auf, quillt stärker und langsamer. Für ein gesünderes Ergebnis beim Backen und für Teige (Pfannkuchen, Nudeln, Backteig) empfehle ich, einen Teil helles Mehl durch Vollkornmehl zu ersetzen (mit 20 % beginnen und sich vortasten) und dementsprechend etwas mehr Flüssigkeit zu verwenden. Helles Mehl hält bei trockener Lagerung bis zu 18 Monate, dunkles Mehl ist etwa 6 Monate gut verwendbar. Zum weiteren Mehlvorrat gehört bei mir Sojamehl und Kichererbsenmehl da, ersteres nutze ich als Eiersatz, z. B. als Basis für eine Tunkflüssigkeit für Panaden, und zweiteres für Pfannkuchen, Backteig oder zum Binden, z. B. für Bratlinge (Seite 179). Beide sind durch ihren hohen Einweißgehalt sehr gesund. Zudem habe ich stets Weizengrieß für Porridge, Brei und selbst gemachte Pasta zu Hause.

- **Nudeln:** Es ist immer gut, welche daheim zu haben, bei mir ist das meistens eine (angefangene) Packung Spaghetti, Lasagneblätter und eine weitere Sorte. Habe ich keine da, kann ich sie leicht selbst herstellen (siehe *www.sophiahoffmann.com*).

- **Getreideflocken:** Sie lassen sich vielseitig süß und herzhaft einsetzen, z. B. für Porridge, Overnight Oats, Muffins, Kekse, Granola, Crumble, Bratlinge, Aufläufe. Haferflocken sind am günstigsten und gängigsten, die feinblätterigen Flocken sorgen für cremige Konsistenz und lösen sich in Flüssigkeit fast vollständig auf, die grobblättrigen geben Struktur und Biss.

- **Getrocknete Sojaschnetzel:** Das ist mein liebster pflanzlicher Hackfleischersatz, aus dem ich bei Bedarf Bolognese und andere herzhafte Gerichte koche. Alternativ kann man auch Sonnenblumenkerne verwenden (Rezept Seite 197).

- **Hefeflocken:** Sie bilden eine wichtige Geschmackszutat in der pflanzlichen Küche und werden oft benutzt, um herzhafte Gerichte wie Pizza, Omelette, Aufläufe, Saucen cremiger und würziger zu machen. Man kann sie auch einfach statt Parmesan auf Nudelgerichte geben. Außerdem haben sie einen hohen Nährstoffgehalt und sind sehr gesund.

- **Trockenfrüchte:** Sie passen zu Müsli, Porridge, Gebäck, Salaten, Saucen, Gemüsepfannen, in Energyballs oder sind einfach zum Naschen. Ich habe immer Datteln da und gerne noch Pflaumen, Aprikosen und Cranberrys. Aber auch getrocknete Mangos, Feigen und Ananas sind toll. Bei diesen Produkten gibt es viele bio-faire Hersteller wie Sekem, Flores Farm, Gebana, Gepa. Getrocknete Tomaten habe ich ebenfalls stets zu Hause, vor allem im Winter, und kurz in warmes Wasser eingeweicht, lassen sich mit ihnen viele Gerichte verfeinern.

- **Gewürze und Kräuter:** Mehr dazu ab Seite 141.

- **Back-Basics:** Die wichtigsten Grundzutaten fürs Backen habe ich immer auf Vorrat, das sind für mich Backpulver, Trockenhefe, Natron und als Ei-Ersatz Sojamehl und/oder geschrotete Leinsamen. Mehr zum Thema Backen ab Seite 122.

- **Öle und Fette:** Ich habe stets ein gutes Olivenöl und ein neutrales, hoch erhitzbares Pflanzenöl (Bratöl) aus Rapskern oder Sonnenblumen zu Hause. Das Olivenöl verwende ich für alle Gerichte, zu denen der spezifische Geschmack gut passt, also mediterrane Küche, Gemüsegerichte und bestimmte Salate, manchmal auch Süßspeisen wie Rührteigkuchen (Seite 219). Bei Olivenölen gab es viele Skandale mit Panscherei und Etikettenschwindel, deshalb würde ich hier Hersteller*innen empfehlen, die glaubhaft und transparent über Qualität und Produktion informieren, bevorzugt bio. Es gibt auch viele Direktvermarkter*innen, von denen man das Öl in Kanistern beziehen kann, was oft günstiger ist. Wenn das für deinen Haushalt zu viel erscheint, teile dir eine Bestellung mit Freunden oder Familie. Das neutrale Pflanzenöl benutze ich zum Braten, Frittieren und für Gerichte, bei denen der Ölgeschmack im Hintergrund bleiben soll, wie etwa Mayonnaise. Als Ergänzung habe ich gerne noch ein paar Fläschchen besonderer, aromatischer Öle vorrätig, die ich roh, also nicht erhitzt, für Salate und Rohkost und als Topping für Gerichte, Focaccia oder sogar Desserts verwende, z.B. Nussöle, Sesamöl, Hanföl, Kürbiskernöl, Leinöl, Schwarzkümmelöl, aromatisierte Öle wie Trüffelöl. Da Öle nur über eine begrenzte Haltbarkeit verfügen, sollte man nur so viele bevorraten, wie man auch wirklich nutzen kann, also je nach Verbrauch ein bis zwei besondere Öle gleichzeitig. Aromatisierte/hochpreisige Öle in kleinen

Mengen kaufen und im Kühlschrank lagern. Selbst wenn ich meistens mit Öl koche und backe, benötige ich für manche Gerichte pflanzliche Margarine und habe meistens eine Packung im Kühlschrank. Kokosöl habe ich einige Jahre in rauen Mengen verwendet, mittlerweile versuche ich, wo es geht, auf regionalere Fette zurückzugreifen. Ich habe zwar immer ein Glas Kokosöl zu Hause, benutze es jedoch relativ selten, und wenn, dann eher für asiatische Gerichte oder (roh-köstliche) Süßspeisen.

- **Essig und Säure:** Seit ich noch mehr auf den regionalen Bezug meiner Lebensmittel achte, nehme ich für viele Gerichte, für die ich früher Zitronensaft verwendet habe, stattdessen heimischen Apfel- oder Weißweinessig. Gerade wenn es nur darum geht, mit einer Säure-Komponente abzuschmecken, klappt das hervorragend. Wenn der spezifische frische Zitrusgeschmack gefragt ist, kaufe ich natürlich bio und verarbeite optimalerweise gleich die Zeste mit. Tipps zum Filetieren, Abreiben und Schneiden von Zitrusfrüchten findest du ab Seite 96. Außerdem habe ich stets eine Flasche hochwertigen Balsamicoessig zu Hause, sowohl pur als Topping für Salate als auch zur Verfeinerung von Saucen und Marinaden.

- **Süßungsmittel:** Ja, ich verwende Zucker, aber in Maßen, und bevorzuge Vollrohr- gegenüber dem weißen Haushaltszucker, denn durch die schonende Bearbeitung bleiben bei ersterem Mineralien und Vitamine größtenteils erhalten. Zudem habe ich stets irgendein flüssiges Süßungsmittel daheim, entweder Agavensirup, Ahornsirup oder Apfelsüße und manchmal Zuckerrübensirup. Flüssige Süßungsmittel eignen sich nicht nur als Topping für Pancakes, Porridge und andere Süßspeisen, sondern ebenso, um herzhafte Gerichte mit etwas Süße geschmacklich abzurunden. Hierbei gilt es zu beachten, dass all diese Sirups unterschiedlich schmecken: Agavensirup und Apfelsüße sind relativ neutral, Ahornsirup und Zuckerrübensirup schmecken sehr spezifisch und letzterer hat eine dickflüssige Konsistenz, die nicht für alle Zwecke geeignet ist. Wenn ein Rezept Sirup verlangt, du aber nur Zucker da hast, kannst du dir auch selbst Zuckersirup herstellen, indem du Zucker und Wasser im Verhältnis 1:1 mischst und unter Rühren vorsichtig erhitzt, bis der Zucker vollständig aufgelöst ist, und dabei darauf achtest, dass das Ganze nicht karamellisiert.

- **Würzsaucen und -pasten:** Immer zu Hause habe ich einen süßen und einen (mittel)scharfen Senf, Ketchup und/oder Tomatenmark, Misopaste, mindestens eine scharfe Sauce, Thai-Currypaste und evtl. noch BBQ-Sauce und ein Chutney. Diese verwende ich auf Sandwiches, zum Abschmecken von Dips, für Saucen, Dressings und Marinaden, zum Würzen von Suppen, Eintöpfen und Ofengerichten. Ungeöffnet halten all diese Produkte jahrelang und auch geöffnet und im Kühlschrank gelagert wesentlich länger, als das Mindesthaltbarkeitsdatum suggeriert. Viele lassen sich aufgrund des hohen Essig-, Salz- oder Zuckergehalts sogar bei Zimmertemperatur lagern, verlieren aber ohne Kühlung schneller den Geschmack. Wichtig ist nur, dass bei Gläsern die Entnahme ausschließlich mit einem sauberen Löffel erfolgt und bei Flaschen Deckel und Öffnung sauber gehalten werden, um Schimmelbildung zu vermeiden.

- **Schokolade, Kakaopulver und Kakaonibs:** Ich habe stets ein bisschen Schokolade, Bio-Kakaopulver und Kakaonibs (Kakaobohnenstückchen) zu Hause, um sie pur, für heiße Schokolade, zum Backen oder als Topping für süße (Frühstücks-) Gerichte zu verwenden. Bekommt Schokolade durch die Ablagerung verarbeiteter Fette einen sogenannten Reif, ist sie noch problemlos genießbar, er kann einfach abgewischt werden. Lange Lagerung, Temperaturschwankungen und die Verarbeitung von Nüssen oder flüssigen Füllungen begünstigen die Reifbildung. Und bevor sie tatsächlich schlecht wird: Iss sie vorher auf! Schokolade macht glücklich, doch nur solche aus fair produzierten Kakaobohnen bieten auch eine existenzsichernde Lebensgrundlage für die Produzent*innen. Schokoladenprodukte, die das gewährleisten, bietet mittlerweile fast jeder Supermarkt an.

- **Konserven:** Ich versuche nicht zu viel auf einmal zu horten, sondern nach Bedarf einzukaufen, doch was ich in der Regel vorrätig habe, ist ein Glas passierte Tomaten / Tomatenstücke und vorgekochte Hülsenfrüchte, für Tage, wenn ich mal keine Zeit habe, sie zu kochen. Und natürlich Lebensmittel, die ich selbst haltbar gemacht habe, von lokalen Produzent*innen oder von Familie oder Freunden beziehe: Marmeladen, Chutneys, fermentiertes oder eingelegtes Gemüse, Kräuter- und Gewürzmischungen. Mehr zur Haltbarmachung findest du ab Seite 144.

Haltbarkeit

Das Mindesthaltbarkeitsdatum ist nicht identisch mit dem sogenannten Verbrauchs- oder Verzehrdatum, das gesetzlich für leicht verderbliche Lebensmittel wie Fleisch und Fisch vorgeschrieben ist, wird aber von vielen Menschen fälschlich so gehandhabt. Beim Mindesthaltbarkeitsdatum, kurz MHD, handelt es sich um ein Gütesiegel für die Qualität von Farbe, Geruch, Konsistenz und Geschmack des Lebensmittels, das von Hersteller*innen nach eigenem Ermessen festgelegt wird und sie gegen Reklamationen schützen soll. Fast immer sind Lebensmittel nach Ablauf des MHD noch völlig unbedenklich genießbar, und wenn nicht, riecht, sieht oder schmeckt man das. Benutze deine fünf Sinne, damit merkst du, ob ein Lebensmittel noch verzehrbar ist!

Lagerung

Trockene Lebensmittel sollten in gut verschließbaren Vorratsgläsern oder -dosen gelagert werden, um Mottenbefall zu vermeiden. Zudem die Schränke und Regale immer sauber halten, frei herumliegende Lebensmittelreste locken Ungeziefer an. Angebrochene Würzsaucen und -pasten, Senf und Co., wenn genug Platz ist, im Kühlschrank lagern, dann halten sie länger den Geschmack. Essig, Nussmuse und Sirups bei Zimmertemperatur lagern.

Was hält nicht lange?

Leicht verderblich sind gelagerte Lebensmittel, die Fett enthalten, da dieses ranzig wird. Dies trifft auf Vollkornmehl, Nüsse, Samen und natürlich Öle zu. Hier besteht selten Zweifel, man riecht und schmeckt es. Deshalb solche Lebensmittel lieber in kleineren Mengen kaufen bzw. zügig aufbrauchen.

Was hält ziemlich lange?

Lebensmittel wie vermahlene Gewürze, Gewürzmischungen, Tees, Kakaopulver, Getreideflocken, Trockenhefe, helles Mehl und Backpulver halten locker ein Jahr und länger. Meistens verlieren sie maximal ihren Geschmack oder die Treibwirkung lässt nach (bei Backpulver). Auf jeden Fall kann man sie noch bedenkenlos nach Ablauf des MHD verwenden.

Was hält richtig lange?

Richtig lange haltbar sind getrocknete Lebensmittel wie Hülsenfrüchte, Trockenfrüchte, Nudeln, Reis, unvermahlene Gewürze, Zucker, Salz, Essig. Voraussetzung ist eine trockene Lagerung (außer natürlich bei Flüssigkeiten). Auch sehr lange lagerfähig sind mit Salz, Zucker und Säure haltbar gemachte original verschlossene Lebensmittel und Konserven. Sie können oft noch nach Jahrzehnten gegessen werden, wenn die Aufbewahrung unbeschädigt ist. Maximal verlieren sie an Aroma, haben aber eigentlich kein Ablaufdatum. Alle oben genannten Lebensmittel sind mir noch nie schlecht geworden.

Wo kann man sparen, wo sollte man nicht sparen?

Ich finde es immer wichtig, darauf zu achten, dass die Produzent*innen fair für die Herstellung von Lebensmitteln entlohnt werden. Und wer Bio-Produkte kauft, tut nicht nur der Umwelt, sondern auch der eigenen Gesundheit etwas Gutes. So sollte man gerade bei „fern gereisten" Produkten wie Kaffee, Bananen, Schokolade und

Gewürzen lieber etwas weniger und dafür fair-bio konsumieren. Sparen lässt sich dafür z. B. durch den Kauf größerer Mengen und Direktbezug von Landwirt*innen (Olivenöl / Oliven, Zitrusfrüchte, Getreide / Mehl, Hülsenfrüchte, z. B. bei Crowd-farming, Gebana, CitrusRicus), durch den Kauf lokaler Produkte (Apfelessig, Zuckerrübensirup, Nüsse) oder den Einkauf bei Unternehmen, die sich auf den Vertrieb von abgelaufenen, unkonventionellen und fehlproduzierten Produkten spezialisiert haben wie *SirPlus, Querfeld, VeggieSpecials*.

Verwertungstipps für Reste

- **Reste von Gewürzmischungen und getrockneten Kräutern:** Damit Aromaöle ansetzen, sie für Marinaden und Salatsaucen verwenden, Brotteig damit würzen.

- **Nudeln in angefangenen Packungen:** Kochen, einem Salat aus anderen Zutaten zugeben und diesen damit auf die benötigte Portionsmenge pimpen. Das gleiche Prinzip funktioniert für kleinere Mengen Hülsenfrüchte oder (Pseudo-)Getreide.

- **Fast leere Gläser und Flaschen von Senf, Pesto, Nussmus, Öl, Essig und Saucen:** Darin eine Salatsauce zubereiten.

- **Fast leere Gläser und Flaschen Sirup:** Mit warmer (pflanzlicher) Milch oder Tee ausschwenken und so die Süße noch „verbrauchen".

- **Fast leere Tuben / Plastikverpackungen mit Senf und Würzmittel (z. B. Miso-paste):** Aufschneiden, gründlich ausleeren und restliche Portion in einem Schraubglas / einer Vorratsdose lagern.

- **Keks- und Weihnachtsplätzchen-Reste:** Zerbröselt als Basis für Kuchenboden, Crumble, Schichtdesserts etc. verwenden.

- Wenn ich merke, dass eine **geöffnete Mehlpackung** schon länger herumliegt (vor allem bei dunklem Mehl / Vollkornmehl mit geringerer Haltbarkeit) überlege ich mir, sie gezielt für ein Gericht aufzubrauchen: Pfannkuchen, Kuchen, Brot.

Was bei mir IMMER liegen bleibt

→ Reste von Gewürzmischungen

Ideen, was ich damit machen bzw. wie ich das verhindern kann:

→ Im Brotteig verbacken
→ Würzöl herstellen und als Marinade für Gemüse oder für Brotchips verwenden
→ Weniger Gewürzmischungen kaufen bzw. erst neue kaufen, wenn alte aufgebraucht sind
→ Besseren Überblick verschaffen
→ ...

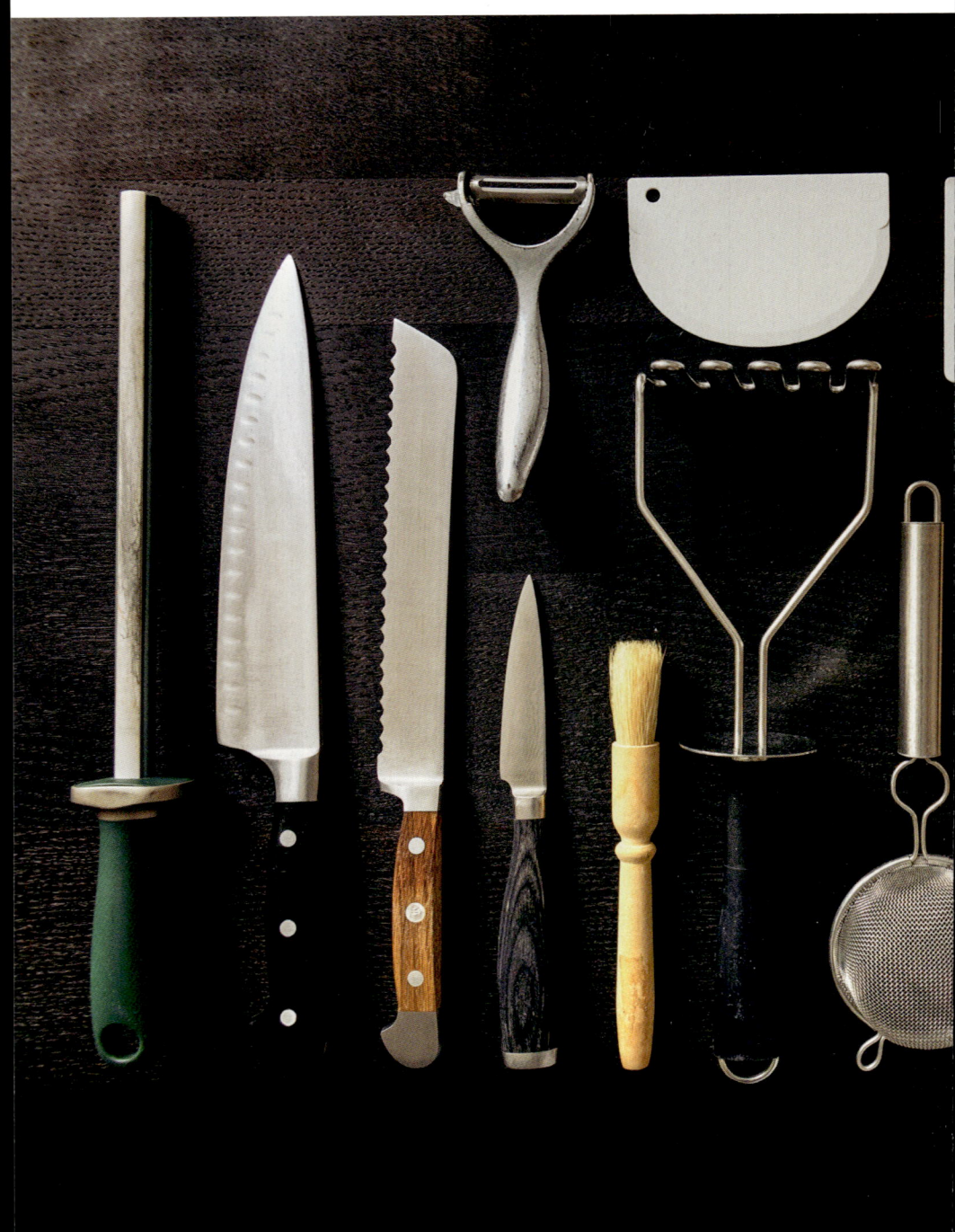

Küchen-Basics

Um Spaß bei der Verarbeitung von Lebensmittel zu haben, braucht man gutes Werkzeug. Auf den folgenden Seiten gebe ich dir einen Überblick über meine Küchen-Basics, die ich über die Jahre als Must-haves identifiziert habe. Die Auswahl ist natürlich subjektiv und entspricht meinen Erfahrungen zu Hause und in der Gastronomie. Zudem liste ich noch einige Werkzeuge und Geräte auf (siehe „Basics für Fortgeschrittene", Seite 71), die nicht zur Standardausstattung gehören, jedoch in meiner Küche nicht fehlen dürfen und auch für ambitionierte Viel-Köch*innen sinnvoll sein können.

Ich will aber ehrlich mit dir sein: Ich besitze aktuell zu viele Küchengeräte, hätte ich keine separate Abstellkammer, wäre meine Küche bis obenhin vollgestopft mit Equipment. Damit das nicht passiert, ist es ratsam, sich gründlich Gedanken zu machen und seine Kaufentscheidung kritisch zu hinterfragen (sollte man überhaupt häufiger bei Kaufentscheidungen machen). Fühle dich außerdem nicht genötigt, all diese Dinge oder selbst nur die Hälfte heute noch anzuschaffen. Vieles habe ich über einen Zeitraum von zehn Jahren zusammengespart oder mir schenken lassen. Und außerdem geht es auch immer mit weniger. Ich habe schon oft in Küchen gekocht, die spärlich ausgestattet waren, das schult die Kreativität und mit der Zweckentfremdung gewisser Gegenstände kommt man oft viel weiter, als man denkt. Nur eine Sache habe ich immer dabei, bei jedem Urlaub, in jeder Ferienwohnung, bei jedem Picknick: ein gutes scharfes Messer. PS: Ich würde natürlich behaupten, dass ich all die anderen Geräte, die ich aktuell besitze, auch wirklich brauche …

Tipps für die Ausstattung

- **Platz:** Bei der Überlegung, ein neues Küchengerät anzuschaffen, sollte man als Erstes mitberücksichtigen, ob man dafür überhaupt Stauraum hat.

- **Notwendigkeit:** Um sinnvolle Kaufentscheidungen zu treffen, mache einen Selbstcheck: Bin ich der Typ, der einen Entsafter oft genug benutzt, um die Anschaffung zu rechtfertigen, oder hole ich mir lieber ab und zu einen frisch gepressten

---

FOTO VORHERIGE DOPPELSEITE

Auf dem Foto siehst du einige meiner Küchen-Basics (v. l. n. r.): Keramik-Wetzstab, großes Messer, Brotmesser, Sparschäler, kleines Messer, Backpinsel, Teigkarte, Kartoffelstampfer, kleines Sieb, Teigschaber, Microreibe, Schöpfkelle, Pfannenwender, Schneebesen, Zange, Marmeladentrichter

Saft beim Café um die Ecke? Brauche ich einen Dörrautomaten oder reicht es mir, gewisse Dinge bei Zimmertemperatur, in der Sonne, auf der Heizung oder im Backofen zu trocknen? Bin ich bisher mit den Zerkleinerungsergebnissen meines Stabmixers glücklich gewesen oder denke ich mir jedes Mal, dass das aber noch feiner oder cremiger geht? Solche Fragestellungen helfen bei der Entscheidungsfindung.

- **Kosten:** Das Anschaffen von Küchengeräten und -werkzeugen ist natürlich eine Budgetfrage. In der Gastro-Küche schreibt man deshalb manchmal eine Art „Wunschliste", um rauszufinden welcher Kauf Priorität hat und welcher eher noch warten kann. Das funktioniert natürlich auch hervorragend für zu Hause. Und du kannst die Wunschliste anlässlich Geburts- und Feiertagen „weiterleiten" und signalisieren, dass entgegen geschlechterspezifischer Klischeevorstellungen Schenkungen bzw. Zuzahlungen von bzw. zu Küchenutensilien für Menschen jedes Geschlechts durchaus eine gute Idee sind. Ich spreche aus reicher Erfahrung.

- **Alternativen:** Der Austausch im sozialen Umfeld hilft außerdem, Plan-B-Lösungen zu finden: Wer weiß, vielleicht kann man sich auch mal für eine Woche ein Gerät leihen. Oder stellt fest, dass Tante Christa noch eine völlig unbenutzte Nudelmaschine zu Hause stehen hat, die sie eigentlich dringend loswerden will.

- **Inventur:** Falls du andererseits schon einen ausufernden Küchengeräte-Bestand hast, empfehle ich zur Inventur den Tipp meines alten Kumpels *Jamie Oliver*: alles in eine Kiste leeren und nur das, was man innerhalb eines Monats benutzt, wieder zurück in die Schublade geben. Der Rest ist überflüssig. (Ich vertrete das zwar nicht ganz, da ich saisonale Werkzeuge wie Kirschenentsteiner und Kerngehäuse-Ausstecher [für Bratäpfel] nutze, aber klar sind die nicht essenziell.)

Die Must-haves

Messer

Wie bei allen anderen Küchenwerkzeugen gilt auch hier: Qualität statt Quantität. Lieber einmal in ein gutes Messer investieren als fünf halb stumpfe zu Hause liegen haben. Zwar schneidet man sich an scharfen Messern leichter, aber man schneidet schneller und sauberer, sodass es nicht nur mehr Spaß macht, sondern auch angenehmer ist, etwa beim Zwiebelschneiden: Dadurch, dass es schneller geht, wird weniger von dem Reizstoff freigesetzt, der uns zum Weinen bringt.

- **Kleines Messer:** Für kleine, feine Schneide- und Handarbeiten, z. B. zum Schälen bzw. Abziehen von Gemüsen wie Zwiebeln, Knoblauch oder Paprika und zum Schneiden von Früchten.

- **Großes Messer:** Zum Schneiden von Gemüsen und anderen Nahrungsmitteln, zum Hacken von Kräutern und zum Zerteilen von großen Lebensmitteln wie Kohl, Kürbis oder Melone.

- **Mittelgroßes Messer:** Wenn du eher kleine Hände hast, würde ich zusätzlich noch eine Zwischengröße empfehlen. Ich habe ein mittelgroßes Messer, das mein absolutes Lieblingsmesser ist.

- **Brotmesser:** Ist der Klassiker für Brot oder Brötchen, und super, um Brotreste fürs Trocknen und Weiterverarbeiten in dünne Scheiben zu schneiden.

Günstige, hochwertige Messer findet man häufig im Sale einschlägiger Küchengeschäfte oder Kaufhäuser oder man wünscht sie sich zum Geburtstag. Mein Brotmesser war ein Sammelgeschenk von Freunden, über das ich mich täglich freue. Wer abergläubisch ist, gibt dem Schenkenden einen Cent im Tausch, eine symbolische Bezahlung soll Verletzungen vermeiden. Kann ich leider nicht bestätigen.

Ich würde immer empfehlen, Messer in einem Geschäft zu kaufen, in dem man sie anfassen kann. Es ist essenziell wichtig, dass der Griff gut in der Hand liegt.

Wetzstab aus Keramik bzw. Messerschleifer

Früher benutzte man Wetzstahl, heute weiß man, dass Keramik besser für die Klingen ist. Mit so einem Stab und ein klein bisschen Übung kann man im Alltag nachschärfen. Ab und zu bedarf es aber eines richtigen Schliffs mit dem Schleifstein, eine Fähigkeit, die man sich aneignen oder den Profis überlassen kann.

Ich habe mal einen Schleifkurs gemacht, mir das Equipment gekauft und dann alles wieder vergessen. Seitdem bringe ich meine Messer zum Fachgeschäft.

Großes Schneidebrett

Immer wieder erlebe ich in fremden Küchen, dass Menschen versuchen, auf einem miniaturartigen Brotzeitbrett einen Kohlkopf zu schneiden. Eigentlich selbsterklärend, dass ein Küchenbrett so groß sein sollte, dass alles drauf passt, was bearbeitet wird. Ich bevorzuge ein dickes Holzbrett, mit einem gewissen Gewicht verrutscht es auch nicht, alternativ kann man ein leichteres (Kunststoff-)Brett fixieren, indem man einen angefeuchteten Lappen darunterlegt. Ich würde Holz immer Kunststoff vorziehen, da Messer auf Kunststoff schneller abstumpfen.

Zur Reinigung ist vor allem wichtig, dass man das (Holz-)Brett stetig abwischt, damit Reste nicht eintrocknen können, und dass man es nach dem Kochen gut mit Spülmittel schrubbt und anschließend mit warmem Wasser abspült. Zur Pflege sollte man das Holzbrett ab und an einölen, das geht mit jedem in der Küche vorrätigen Speiseöl. Einfach sparsam mithilfe eines alten Lappens (z. B. einer ausrangierten Textilie) abreiben und über Nacht einziehen lassen.

Sparschäler

Hier gibt es verschiedenste Modelle, wichtig ist, dass er gut in der Hand liegt, am Besten im Laden ausprobieren und in gute Verarbeitung investieren. Lieber ganz aus Metall als mit Plastikteilen, die leicht brechen.

Pfannenwender (Metall oder Holz)

Edelstahl währt am längsten, ist jedoch nicht für beschichtete Pfannen geeignet, da es die Beschichtung zerkratzen kann. Hierfür empfehle ich die Holzvariante, die man gleichzeitig auch als Kochlöffel benutzen kann. Holzwerkzeuge von Hand spülen. Von Kunststoff würde ich aus Nachhaltigkeitsgründen abraten.

Kleine bzw. mittelgroße Pfanne

… lässt sich schnell und energiesparend erhitzen. Deshalb verwende ich sie, um eine kleine Portionen aufzuwärmen/zuzubereiten oder um Nüsse/Samen anzurösten.

Große, tiefe Pfanne oder Wokpfanne

Große Pfanne = viel Essen. Ob zum Anbraten/Dünsten von Gemüse, Tofu, Seitan, zum Frittieren von Gerichten, die große Pfanne kommt immer dann zum Einsatz wenn mehr Platz gefragt ist. Ein hoher Rand ermöglicht mehr Flüssigkeit, etwa zum Zubereiten einer Sauce.

Ob man zusätzlich eine abgerundete Wokpfanne benötigt ist eine Kosten- und Platzfrage. Da ich es liebe Gemüse mit der Woktechnik zuzubereiten (Seite 173) besitze ich beides.

Eisen- oder (beschichtete) Edelstahlpfanne

Ich benutze eiserne Pfannen gerne zum knusprigen Anbraten, dagegen zum Andünsten und Saucen-Zubereiten eine beschichtete Edelstahlpfanne. Beide haben ihre Vor- und Nachteile:

Gusseiserne Pfannen haben eine bis zu viermal höhere Wärmeleitfähigkeit als Edelstahlpfannen. Dadurch benötigt man besonders bei langen Kochzeiten wenig Energie und kann mit geringer Wärmezufuhr braten. Zudem ist der Wärmespeicher sehr hoch sodass man Speisen länger warm halten kann.

Eisenpfannen bedürfen besonderer Pflege. Sie müssen immer mal wieder mithilfe von hoch erhitzbarem Öl „eingebrannt" werden, dazu gibt es online unzählige Anleitungen. Danach verfügen sie über die Schutzschicht, die auch Braten mit wenig Öl ermöglicht. Ich benutze gusseiserne Pfannen gerne um Dinge knusprig anzubraten. Zum Dünsten und Saucen zubereiten bevorzuge ich eine beschichtete Pfanne.

Edelstahl ist pflegeleichter; eine eiserne Pfanne braucht besondere „Wartung": Vor der ersten Benutzung und auch immer mal zwischendurch muss man sie mit hoch erhitzbarem Pflanzenöl „einbrennen"; dazu gibt es im Internet unzählige Anleitungen. Danach verfügt sie über die Schutzschicht, die selbst ein Braten mit wenig Öl ermöglicht.

Varianten für beides gibt es wie Sand am Meer und die Suche nach der perfekten Pfanne kann schnell zu einem kostspieligen Hobby werden. Mein Vater beispielsweise ist pfannensüchtig, egal, ob Gusseisen oder die neueste Kupferkern-Technologie, jedes halbe Jahr fragt er mich, „ob ich nicht noch eine Pfanne brauche".

Um einer Flut von Pfannen vorzubeugen, mit denen man unzufrieden ist und die man daher nicht wirklich nutzt, lautet mein Rat: Lieber etwas mehr investieren und in einem Geschäft kaufen, in dem man sie in die Hand nehmen kann. Denn auch Gewicht spielt eine Rolle, manche Eisenpfannen sind ultraschwer, andere nicht. Es gibt immer mehr Firmen, die Wiederbeschichtungen anbieten, eine gute Sache für ein längeres Pfannenleben.

Kleiner Topf

Ich besitze zwei kleine Edelstahltöpfe, einen mit zwei Griffen und einen mit Stiel. Die bekam ich von meinen Eltern, als ich 1999 zu Hause auszog. Sie sind immer noch einwandfrei, was für die hochwertige Verarbeitung spricht. Dazu besitze ich einen Deckel, der auf beide passt. Das reicht, da ich nie gleichzeitig beide mit Deckel benutze.

Großer Topf

Wie bei der Pfanne gibt es hier die Variante Edelstahl oder Eisen. Ich besitze einen großen eisernen feuerfesten Topf, teuer in der Anschaffung, aber hält ein Leben lang. Der Vorteil auch hier die Wärmeleitung, somit lassen sich darin Ofengerichte zubereiten und Brot backen. Kein Muss, aber eine tolle Sache für Gerichte, die über längere Zeit auf niedriger Flamme schmurgeln sollen, so wie die Bolognese (Seite 197).

Nudelsieb mit kleinen Löchern

Warum ein Sieb mit kleinen Löchern? Damit kleine Nudeln sowie Spaghetti nicht durchrutschen. Ich benutze mein Nudelsieb auch häufig um Gemüse und Früchte darin abzuwaschen. Wenn du sehr minimalistisch unterwegs bist, kannst du dir auch statt einem Nudelsieb ein normales feinmaschiges Küchensieb kaufen und es für Pasta mit verwenden. Edelstahl vor Kunststoff – einfach, weil es länger hält.

Salatschleuder

Ob das wirklich zu den Must-haves gehört, lässt sich natürlich diskutieren, als begeisterte Salatesserin mit Genossenschafts-Bio-Kiste sage ich: Ja. Denn Bio-Salat ist oft sehr erdig und eine Schleuder macht das Einweichen, Abtropfen und Trocknen wesentlich effizienter.

Große Schüssel

Ob für Salat oder zum Anrühren von Teigen, eine große Schüssel pro Küche ist das absolute Minimum. Ich bevorzuge zum Kochen und Backen Edelstahl und für Salat Keramik. Aber natürlich funktioniert auch beides vice versa.

Zusätzliche Schüssel

Für größere Koch- und Backaktionen ist es ratsam, eine zweite Schüssel zur Verfügung zu haben, etwa wenn man trockene und feuchte Komponenten separat mischen und abwiegen möchte. Hat man keine zweite Schüssel, kann man alternativ einen Topf oder eine Lebensmitteldose zweckentfremden.

Hoher Rührbecher

Es gibt Rezepte, die lassen sich einfach besser in einem hohen Rührbecher zubereiten als in einer Schüssel, weil sie aus flüssigen Komponenten bestehen und in einem flachen Gefäß viel Spritz-Potenzial haben, wie etwa Mayonnaise, Sahne, Pesto oder andere Dips und Saucen. Ein Ausguss erleichtert zudem das Umfüllen flüssiger Konsistenzen. Es gibt Rührbecher, die gleichzeitig Messbecher sind – umso praktischer.

Messbecher

Ich bevorzuge es, Rezepte komplett mit Grammangaben zu versehen, was ich aus dem Gastro-Kontext gewöhnt bin und als sehr gebrauchsfreundlich empfinde, da sich so beispielsweise mehrere Zutaten in ein Gefäß wiegen lassen, aber natürlich braucht man manchmal auch einen Messbecher mit unterschiedlichen Maßeinheiten, wie Milliliter. Ich empfehle einen Messbecher, der gleichzeitig als Rührbecher benutzt werden kann und auch kleinere Einheiten ab 0,1 Liter anzeigt. Kunststoff ist langlebiger als Glas.

Küchenwaage

Auch wenn man vieles nach Gefühl dosiert, benötigt man eine gute Küchenwaage. Ich benutze sie hauptsächlich zum Backen von Süßem und Brot. Ich rate zu einer Waage mit USB-Anschluss, die ohne Batterien auskommt. Eine große Auflagefläche ist einer kleinen vorzuziehen, da darauf auch größere Schüsseln Platz finden und nicht die Sicht auf den Display verdecken. Waagen mit Schüsselaufsatz finde ich unpraktisch. Eine höhere maximale Traglast benötigt man bei Gastro-Mengen, es schadet aber nicht, wenn die Waage in der Lage ist, eine schwere Schüssel mitzuwiegen. Über die sogenannte Tara-Funktion, die das einzelne Abwiegen von Zutaten ermöglicht, verfügen mittlerweile alle Waagen.

Handrühr- oder Multifunktionsgerät

Rein theoretisch ist es möglich, alles, was man mit einem Handrührgerät rühren oder kneten würde, auch mit purer Muskelkraft zu tun, es ist allerdings viel anstrengender. Sage ich als jemand, die schon mal Eischnee für zwölf Portionen Kaiserschmarrn mit der Hand steif geschlagen und außerdem Mayonnaise in einem Coffee-to-go-Becher cremig geschüttelt hat. Fakt ist: Elektrische Hilfsmittel sparen Zeit, Energie und Nerven. Ob für dich ein Handrührgerät ausreicht oder du lieber in ein Gerät investierst, das viele Dinge gleichzeitig kann, hängt am Ende wirklich davon ab, wie regelmäßig du es nutzen wirst.

Schneebesen

Für manche Zubereitungen ist ein Schneebesen besser geeignet als ein elektrisches Handrührgerät. Zum Verquirlen kleinerer Mengen kann man alternativ auch eine Gabel benutzen.

Kartoffelstampfer

Neben Kartoffeln kann man alles mögliche andere damit zerstampfen, was nicht cremig püriert, sondern etwas grober oder stückig bleiben soll. Bei Stampfern auf gute Verarbeitung achten! Minderwertige Exemplare sind schon nach kurzer Zeit verbogen oder brüchig.

Zange

Eine Küchenzange aus Metall kennt man eher aus der Gastro-Küche, doch auch zu Hause ist sie sehr nützlich. Zum Wenden heißer Lebensmittel auf dem Blech, in der Pfanne oder als Alternative zum Salatbesteck erlaubt sie einfaches Portionieren.

Microreibe

Unter dem Herstellernamen *Microplane* bekannt, gibt es sie auch von anderen Firmen. Eines der Dinge, bei denen man erst merkt, wie sehr sie einem gefehlt haben, nachdem man sie angeschafft hat. Ich reibe damit Muskatnüsse, Ingwer, Knoblauchzehen, Schokolade und die Zesten von Zitrusfrüchten.

Teigschaber (klein und groß)

Dieses Ding hat viele Namen, ich nenne es Teigschaber und es ist in verschiedensten Materialien und Härtegraden erhältlich. Damit lassen sich Teige, Cremes und Pasten verteilen und verstreichen, Zutaten unterheben und – für mich eigentlich die wichtigste Funktion – Schüsseln, Töpfe und Mixbehälter restlos auskratzen. Ein Zero-Waste-Tool gegen Verschwendung. Warum man zwei Größen benötigt? Einen für große Mengen, einen zum Auskratzen von kleinen Gefäßen und Gläsern.

Teigkarte

Die meisten kennen dieses kleine Stück aus Kunststoff bzw. Silikon oder aus Metall bzw. Edelstahl und Holz eher vom Backen. Damit lassen sich Hefe- und Sauerteige aus der Schüssel nehmen und formen sowie Portionen abteilen. Man kann sie aber ebenso gut zum Gnocchi-Abstechen oder Spätzle-Schaben benutzen.

Großartige Verwendung on top: der „Transport" zerkleinerter Lebensmittel vom Schneidebrett in die Pfanne oder den Topf. Wo Profiköch*innen oft das Klingenblatt ihres Messers als „Transporttaxi" verwenden, bietet die Teigkarte eine weniger scharfe Alternative (Foto Seite 100).

Marmeladentrichter

Irgendwo hat man den schon mal gesehen, vielleicht bei Oma? Dieses Teil eignet sich nicht nur zum Abfüllen von Marmelade, sondern auch zum Umfüllen aller nur erdenklichen Konsistenzen und Zutaten. Ob Suppenreste, Couscoussalat, Kaffeebohnen, Zucker oder Pfefferkörner – alles wandert damit unangestrengt und sauber von A nach B. Hält ein Leben lang und macht dieses entspannter.

Schmaler Trichter

Nicht alles lässt sich mit einem Marmeladentrichter umfüllen, weshalb der Besitz eines Trichters mit schmalem Hals sinnvoll ist, vor allem für Flüssigkeiten und Gewürzbehältnisse.

Schöpfkelle

Unglaublich, wie oft ich in Küchen gekocht habe, in denen keine ordentliche Schöpfkelle vorhanden war. Alternativ kann man eine Tasse benutzen oder die zu verteilende Flüssigkeit aus einem Rührbecher mit Ausguss verteilen. Aber ich bevorzuge eine zu besitzen. Am besten aus Edelstahl, die hält für immer.

Backpinsel

Ob zum Bestreichen von Backwaren oder zum Bepinseln von Gemüsen, Tofu und Co. mit Marinade. Unterschiedliche Materialien haben unterschiedliche Vor- und Nachteile: Mit Naturborstenpinseln lassen sich etwa Pilze hervorragend trocken reinigen. Von Silikonpinseln lassen sich dagegen hartnäckige Rückstände wie Öl einfacher entfernen.

Küchenschere

Egal, ob zum Verpackungen-Aufschneiden oder zum Kräuter-Schnippeln, eine gute Küchenschere ist vielfältig einsetzbar und verhindert, dass Menschen auf die Idee kommen, Verpackungen mit dem Messer, den Händen oder den Zähnen (!!) aufzureißen. Ich empfehle eine Schere, die man zerlegen und daher gründlich reinigen kann, gerade wenn man sie für Lebensmittel und Verpackungen verwendet.

Großes Sieb

Wird zum Abgießen von Koch- und Einweichwasser oder zum Abtropfen von gewaschenen Lebensmitteln genutzt. Kannst du auch als Dämpfeinsatz in Kombination mit einem Topf oder als Nudelsieb- sowie Salatschleuder-Ersatz nutzen.

Kleines Sieb

Dient zum Bestäuben von Gerichten mit Puderzucker oder Gewürzen und zum Abgießen kleiner Mengen. Hochwertige Verarbeitung zahlt sich aus!

Stabmixer

Ist multifunktionell einsetzbar zum Zerkleinern von Lebensmitteln wie Suppen, Dips, Saucen, Pesto, Aufstrichen und zum Emulgieren von Dressings und Mayonnaise.

Vierkantreibe

Wie der Name schon sagt, hat diese Reibe vier Kanten bzw. unterschiedliche Reibeflächen für einfaches Reiben, Raspeln, Hobeln und Schneiden. Alternativ kann man eine Microreibe und die Aufsätze einer Küchenmaschine benutzen. Schlechte Qualität stumpft schneller ab.

Silikonbackmatte

Die nachhaltige Alternative zu Backpapier, weil vielfach wiederverwendbar. Gut mit Spülmittel und heißem Wasser reinigen und nicht darauf schneiden verlängert ihr Leben. Ich halte Backpapier sowieso für weitestgehend überflüssig. Für Kuchen in Backformen und Keksen vom Blech reicht es oft, einfach gut einzufetten, dann bleibt auch nichts kleben. Moderne Backbleche haben zudem eine Antihaftbeschichtung, die Backpapier überflüssig macht. Ich habe zwar immer eine Packung Backpapier zu Hause für Ausnahmefälle (z. B. den reibungslosen Transfer einer Pizza auf den Pizzastein), aber diese reicht mir über Jahre.

Kastenform

Die meisten Kastenformen sind zwischen 25 und 30 cm lang und in ihnen backe ich Kuchen, Fruchtbrote und herzhafte Brote (z. B. wenn mein Sauerteig etwas zu weich geworden ist und sich schwer formen lässt). Aber auch Pasteten und Eistorten sowie Parfaits lassen sich darin herstellen. Im Gegensatz zur Springform ist der Rand fest, d. h. der Inhalt muss immer gestürzt werden; für fragilere Backwerke ist daher eine Springform besser. Silikon oder Metall? Geschmackssache. Bei der Kastenform bevorzuge ich Metall, gerade für Kuchen aus relativ flüssigem Rührteig. Sie können leicht in der Mitte brechen, weil die Silikonform nicht genug Widerstand bietet.

Springform

Es gibt sie in verschiedenen Größen und Qualitäten. Der in Rezepten verwendete Standard ist der mit 26 cm Durchmesser. Die häufigsten Materialien sind Weißblech, mit Antihaft-Kunststofflack beschichteter Stahl, Keramik und Emaille. Keramik und Emaille sind besonders kratzfest und robust. Springformen eignen sich zum Kuchen- und Tortenbacken sowie für herzhafte Gerichte (z. B. Quiche) oder kleine Aufläufe.

Basics für Fortgeschrittene

Ergänzend noch ein paar Dinge, die in meiner Küche nicht fehlen dürfen, aber nicht zwingend notwendig sind.

Küchenmaschine mit Zerkleinerungsaufsätzen

Kein Muss, aber eine große Hilfe, denn Raspel-, Scheiben-, Häcksel-Aufsätze sparen kostbare Zeit: Für Rohkostsalate, Aufläufe, Rösti, Bratlinge, Gemüsepfanne. Eine lohnende Investition, gerade wenn man für viele hungrige Münder kocht.

Hochleistungsmixer

Ich werde oft gefragt ob ich diese Anschaffung als notwendig empfinde. Hat man das Ding einmal zu Hause, bereitet es einem extrem viel Vergnügen, denn die Konsistenzen, die man damit erreicht, wird man mit dem Stabmixer nie hinbekommen. Im Umkehrschluss gibt es vieles, was mit einem Stab- oder schwächeren Mixer gut funktioniert, vor allem wenn man die Zutat entsprechend einweicht oder genug Flüssigkeit verwendet. Das Ergebnis wird aber trotzdem kaum identisch sein.

Fazit: Für alle, die regelmäßig Smoothies, Hummus, Pflanzenmilch, Suppen, Sorbets, Gewürzmischungen, Dips u. Ä. herstellen, empfehle ich die Investition. Zudem kann man Buchweizen, Kichererbsen, Haselnüsse, Mandeln, Reis zu Mehl zerkleinern und sogar Puderzucker und Nussmus selbst machen.

Mandoline

Die Mandoline ist die große Schwester der Vierkantreibe und der Zerkleinerungsaufsätze für Küchenmaschinen. Die Dicke des Hobel-Messers lässt sich verstellen und somit kann man Früchte und rohe sowie gekochte Gemüse in sehr feine Scheiben, Streifen oder Würfel schneiden und ein noch feineres Ergebnis erzielen, das auch optisch was hermacht. Kein Muss, aber ein schönes Gerät für Vielköch*innen.

Dosenöffner

Die meisten konservierten Lebensmittel bekommt man mittlerweile im Glas oder in einer mit einer Lasche versehenen Dose. Allerdings bricht diese manchmal ab, und eine Dose mit dem Messer zu öffnen, ist gefährlich und nervig. Ein Dosenöffner ist dann doch angenehmer.

Schaumlöffel

Er dient dazu, Pasta, Gemüse, Knödel und andere Dinge aus Flüssigkeiten zu nehmen, ohne diese abgießen zu müssen, etwa wenn das Kochwasser weiterhin verwendet wird bzw. noch nicht alle Komponenten fertig sind. Durch die Löcher fließt die überschüssige Flüssigkeit ab. Klappt alternativ auch mit einem kleinen Sieb oder einer Schöpfkelle.

Eismaschine (mit Kompressor)

Eine Investition, die ich vor Jahren nach reichlicher Überlegung getätigt und nie bereut habe. Es ist toll, sein eigenes Eis selbst herstellen zu können. Bei Maschinen ohne Kompressor muss der Behälter für mindestens 24 Stunden vorher im Eisfach gekühlt werden, bei selbstkühlenden (teureren) Maschinen ist dies nicht nötig.

Mörser

Keine Notwendigkeit, aber toll, um selbst Gewürzmischungen und traditionell Pesto herzustellen. Keinen zu kleinen Mörser kaufen, sonst kannst du ihn nur für Gewürze verwenden. Ob Keramik oder Stein ist reine Geschmackssache.

Knoblauchpresse

Wer keine besitzt, kann Knoblauch genauso gut mit einem scharfen Messer fein hacken oder mit der Microreibe verarbeiten. Das gastronomische Lager teilt sich in pro und contra Knoblauchpresse: Manche behaupten, die Presse würde die Zellen der Zehe zerquetschen, sodass der Geschmack durch Oxidation bitter würde. Eine neuere Studie wiederum besagt, dass frisch gepresster Knoblauch am gesündesten sei. Ich sage: „Hab ich zu Hause, benutze ich ab und zu, ist aber kein Muss."

Nussknacker

Wer Nüsse gerne unverpackt und direkt vom Bauern bezieht, sollte sich einen gut funktionierenden Nussknacker anschaffen. Dabei unbedingt darauf achten, dass er für verschiedene Größen funktioniert: Walnüsse, Mandeln, Haselnüsse.

Kerngehäuse-Ausstecher

Wer wie ich im Winter gerne gefüllte Bratäpfel isst und Apfelringe selbst machen möchte, tut sich mit einem solchen Ausstecher wesentlich leichter.

Nudelholz

Wer viel backt, was es auszurollen gilt, sollte sich eines anschaffen. Wenn, dann gerne aus Holz und mit beweglicher Rolle. Alternativ eignet sich zum Ausrollen eine sauber abgespülte Wein- oder Bierflasche ohne Etikett überraschend gut.

Pizzarad

Für regelmäßige Pizzabäcker*innen und -esser*innen. Pizza kann man aber auch einfach mit einem großen scharfen Messer in Stücke schneiden.

Teigrad

Der gezackte Bruder vom Pizzarad und perfekt zum Zuschneiden von Nudel-, Hefe-, Blätterteig für Pasta, Teigtaschen und Kleingebäck. Geht jedoch auch mit einem kleinen Messer, nur ist der Rand halt dann nicht gezackt.

Nudelmaschine

Ich habe eine simple, handbetriebene Nudelmaschine vor Jahren reduziert erstanden und bin damit für den Hausgebrauch sehr glücklich. Alternativ gibt es elektrisch betriebene Aufsätze für Küchenmaschinen wie die Kitchenaid. Man kann Pastateig auch mit der Hand ausrollen, wird aber wohl erst nach jahrelanger Übung ein so gleichmäßiges Ergebnis bekommen wie mit der Maschine.

Meine Empfehlung: Im Familien-/Bekanntenkreis falls vorhanden eine leihen und ausprobieren, ob es Spaß macht, und wenn ja: anschaffen und regelmäßig üben. Selbst gemachte Pasta ist das Beste!

Dörrautomat

Durch Dörren bzw. Trocknen kann man viele Lebensmittel schmackhaft haltbar machen: Kräuter, Früchte, Tomaten, Gemüsechips, Tee. Auch roh-vegane Snacks wie Süßigkeiten, Fruchtleder, Cracker lassen sich so einfach herstellen. Doch ein guter Dörrautomat ist eine Investition; die billigen sind oft laut und das Geräusch ist nervig, vor allem wenn die Trockenzeit 24 Stunden plus beträgt, ich spreche aus eigener Erfahrung. Aktuell besitze ich keinen, da ich auf einen hochwertigeren sparen möchte. Alternativ kann man Lebensmittel hervorragend bei Zimmertemperatur trocknen, im Winter nahe der Heizung, im Sommer in der Sonne. Oder im Backofen bei maximal 60 °C; Dörrautomaten sind energieeffizienter als ein Backofen, daher würde ich ohne Dörrautomaten immer empfehlen, es erst mal bei Zimmertemperatur zu versuchen. Mehr Infos ab Seite 148.

Schnellkochtopf

Gerade wenn man als Pflanzenfresser*in viele Hülsenfrüchte verarbeitet, macht so ein Topf das Leben einfacher, da er Energie und Kochzeit einspart. Mit ein bisschen Übung hat man schnell heraus, wie lange welche Lebensmittel in den Topf müssen. Wird das Ergebnis doch einmal zu weich, macht man einfach Püree, Hummus oder Suppe draus – trotzdem lecker.

Tipps für Nachhaltigkeit in der Küche

- lokale bzw. in Deutschland hergestellte Produkte bevorzugen

- Produkte von kleinen Familienunternehmen vorziehen und sie damit unterstützen

- Produkte aus lokalen Rohstoffen statt von weither Importiertes (z. B. bei Holzprodukten) kaufen

- organisch abbaubare Rohstoffe wie Holz und Upcycling-Materialien jeglichem Kunststoff vorziehen

- gut verarbeitete Metalle wie Edelstahl, Kupfer Kunststoffen bevorzugen, sie halten wesentlich länger und sind recycelbar (über Wertstoffhof oder Schrotthändler)

- mit Ökostrom oder -gas kochen

- wenn möglich mit Deckel kochen, spart eine Menge Energie

- funktionstüchtige Altgeräte, die nicht mehr genutzt werden, verschenken, verkaufen oder einem Sozialkaufhaus spenden

- beim Kauf von Küchenutensilien Qualität vor Quantität wählen

- nicht mehr funktionstüchtige Altgeräte fachgerecht entsorgen (z. B. nicht im Hausmüll, sondern auf dem Wertstoffhof) oder via Rücknahme durch Elektrofachmärkte, große Geräte wie Kühlschränke werden bei Neukauf außerdem häufig gegen alte eingetauscht

- wo es geht, auf Elektronik verzichten: beispielsweise ein gutes Brotmesser statt einer elektrischen Schneidemaschine kaufen, eine mechanische Orangenpresse statt einer elektrischen

- biologisch abbaubare Reinigungsmittel wählen sowie Spülschwämme und -bürsten

- achtsam mit Wasser umgehen: beispielsweise das Einweichwasser als Gießwasser für Zimmerpflanzen verwenden, mit abgegossenem Kochwasser benutztes Geschirr einweichen.

- bei Geräten, die darüber verfügen, auf die Energieeffizienzklasse achten; vor allem bei Geräten im Dauerbetrieb wie Kühl- und Gefrierschrank ist die beste Effizienzklasse A+++ ein Muss

Top-5-Küchen-Basics

Was ich am häufigsten benutze

WERKZEUGE:

1.

2.

3.

4.

5.

KÜCHENGERÄTE:

1.

2.

3.

4.

5.

Wunschliste

Was ich gern anschaffen würde und was es kostet:

1.

2.

3.

4.

5.

Mis en Place

Seinen Arbeitsplatz sauber zu halten habe ich das erste Mal so richtig gelernt, als ich in einem ganz anderen Beruf tätig war, nämlich als Friseurin. Dort alle Arbeitsmittel in Reichweite und perfekt vorbereitet zu haben, anderen zuzuarbeiten und am Ende, z. B. nach einer Farbbehandlung, alles sauber zu machen und aufzuräumen, ist unerlässlich, um einen professionellen und für alle Beteiligten angenehmen Ablauf zu gewährleisten. Und genauso ist es natürlich in der Profiküche. Das sogenannte *Mis en Place* (französisch für „an den rechten Ort gestellt") spielt eine elementar Rolle für den reibungslosen Ablauf während des Service, also während der Geschäftszeiten, in denen die Bestellungen zubereitet und serviert werden.

Unter *Mis en Place* versteht man das Einrichten des Arbeitsplatzes für die ausführenden Köch*innen, und das beinhaltet natürlich auch alle Vorbereitungsarbeiten wie Lebensmittel waschen, putzen, schneiden, Komponenten vorproduzieren und in genügender Menge bereitstellen bis hin zum Polieren der Teller. In Küchen mit strengen Hierarchien werden die „niederen Arbeiten" von Auszubildenden und Hilfsköch*innen ausgeführt. Ich habe meist in Küchen mit kleinen Teams und flachen Hierarchien gearbeitet, wo alle alles machen und maximal eine*r die Linie vorgibt, weil das Menü jener Person umgesetzt wird bzw. ein*e Köch*in die Bestellungen abfertigt, während ein*e zweite*r Köch*in andere Komponenten fürs Menü vorbereitet. Diese Arbeitsabläufe zu optimieren und möglichst effizient zu gestalten ist in der Gastronomie natürlich eine Kosten-Nutzen-Rechnung. Wirtschaftlichkeit ist notwendig, um den Betrieb am Laufen zu halten. In den letzten Jahren habe ich auch gelernt, wie sehr das im Kontext mit einem Zero-Waste-Konzept eine Rolle spielt. An meinem Arbeitsplatz bei *Isla Coffee Berlin* versuchen wir möglichst alle Komponenten der verwendeten Lebensmittel wie z. B. Schalen, Trester, Molke noch auf irgendeine leckere Art und Weise weiterzuverarbeiten und ins Menü zu integrieren, und experimentieren diesbezüglich eine Menge. Doch wenn wir merken, dass eine Weiterverwendungsform entweder zu viel Arbeitszeit kostet, die wir nicht haben, zu viel Energie, die wir nicht verschwenden wollen, oder die Lagerung des Produkts zu viel Platz benötigt, der nicht vorhanden ist, müssen wir

---

FOTO VORHERIGE DOPPELSEITE

Mis en Place für Wokgemüse, Reihenfolge fürs Woken: Paprika, Karotte, Zwiebel, Brokkoli, Zucchini, Champignons, Kohl, Ingwer, Knoblauch

uns manchmal dagegen entscheiden und die Komponente landet stattdessen im Biomüll. Natürlich haben wir diesen wirtschaftlichen Druck in den eigenen vier Wänden nicht, aber das Thema Zeit und Aufwand spielt auch hier eine Rolle, und deshalb kann man sich viele sinnvolle Tipps und Tricks von den Profis abschauen. Im Folgenden gehe ich auf ein paar dieser Bereiche ein.

Vorbereitung

Bevor du anfängst zu kochen, mach dir ein paar Gedanken: Wenn du nach einem Rezept kochst, lies es dir gründlich durch, schau, was du alles dafür benötigst, und stelle sicher, dass du die Arbeitsschritte verstanden hast. Genauso verhält es sich, wenn du ohne Rezept vorgehst: Suche dir alle Zutaten und Arbeitsgeräte zusammen, sodass du während des Kochens nicht darüber nachdenken musst. Manche Rezepte beinhalten auch Vorbereitungs- bzw. Wartezeiten, etwa wenn Zutaten eingeweicht werden müssen; wer das vorher weiß, verliert später keine Zeit. Gute Vorbereitung ist die halbe Miete.

Zeitmanagement

Egal ob du ein Gericht planst oder ein ganzes Menü, mach dir vorher Gedanken über dein Zeitmanagement. So sparst du nachher eine Menge Zeit. Frage dich z. B.:

Gibt es Komponenten, die …

… in einer Marinade ziehen sollen?
… in den Kühlschrank müssen, um fest zu werden?
… gehen müssen (z. B. Hefeteig)?
… in den Backofen müssen?
… eine längere Kochzeit haben?

Diese „leeren Zeiten" kannst du nutzen, um andere Arbeitsschritte zu erledigen.

Wenn ich beispielsweise im Café eine reine Vorbereitungsschicht plane, beginne ich mit dem Studieren der To-do-Liste und erstelle dann eine Reihenfolge: Muss ich Kuchen backen, dessen Fett bei Zimmertemperatur verarbeitet wird, wiege ich dieses als Allererstes ab und lasse es weich werden. Sobald ich mit der Zubereitung des Teiges beginne, heize ich den Backofen vor. Ich habe noch andere Komponenten, die ich an diesem Tag im Ofen zubereiten werde, sagen wir gegrillte Auberginen? Dann bereite ich auch diese vor, bevor ich den Kuchen backe, sodass ich sie direkt nach dessen Backzeit in den Ofen schieben kann, so muss ich ihn nicht mehrmals ein- und ausschalten. Arbeite ich mit jemandem zusammen in der Küche, stimme ich mich vorher über die Benutzung von Backofen, Herdplatten und anderen Arbeitsgeräten und -flächen ab. Für manche Vorgänge, wie etwa altbackenes

Brot zur Bröselherstellung zu trocknen, reicht die Restwärme des Backofens, die ich dann am Ende aller Backzubereitungen noch nutzen kann. Aufwendige Tätigkeiten wie das Backen mehrerer Kuchen, das Fermentieren einiger Kohlköpfe oder das „Zesten" und Entsaften einiger Kilo Zitrusfrüchte versuche ich grundsätzlich eher am Anfang meiner Schicht abzuarbeiten. Überschaubare Tätigkeiten wie das Waschen, Putzen und Schnippeln von Gemüse oder das Zubereiten einer schnellen Mayonnaise hebe ich mir als „Lückenfüller" während der Back- und Kochzeiten auf. So bekommen meine Arbeitsabläufe eine sinnvolle Struktur.

Das mag vielleicht etwas kompliziert klingen, aber keine Angst, Übung macht die Meisterin und deine To-do-Liste ist wahrscheinlich nicht ganz so voll wie meine an einem durchschnittlichen Arbeitstag. Irgendwann verinnerlichst du das Zeitmanagement so selbstverständlich, dass auch du genau weißt, wie lange du in deinem Tempo für einzelne Arbeitsschritte brauchst. Wenn ich zwei Zwiebeln anzubraten habe, weiß ich, dass ich diese mittlerweile in so einem Tempo halbieren, schälen und würfeln kann, dass ich die Pfanne mit dem Öl bereits auf der Herdplatte erhitze, bevor ich mir die Zwiebeln vorknöpfe. Das hätte ich wahrscheinlich vor fünf Jahren noch nicht gemacht. Jede*r in ihrem/seinemTempo.

Zutaten

Hast du alles in ausreichender Menge da, was du für dein Gericht benötigst? Die Flasche Bratöl ist noch verschlossen? Die Packung Nüsse ist noch zu? Öffne beides, bevor du dir die Hände dreckig machst, und benutze eine Schere, um Plastikverpackungen zu öffnen, anstatt sie mit einem Messer oder den Zähnen aufzureißen. Stelle sicher, dass dir nicht mitten im Prozess eine wichtige Zutat ausgeht. Wenn dir das vor der Zubereitung passiert – z.B. bei einem Backrezept – und du keine Möglichkeit hast, noch mal schnell einzukaufen, kannst du die Zubereitung durch Skalieren retten. Beispiel: Du hast 350g Mehl statt 500g Mehl für deinen Kuchen. 350:500 = 0,7. Nun kannst du alle anderen Zutatenangaben einfach mit 0,7 multiplizieren und erhältst so die Menge, mit der dein Kuchen auch mit 350g gelingt. Du musst nur beachten, dass du evtl. eine kleinere Backform wählst und die Backzeit um ein paar Minuten verringerst.

Nach diesem Prinzip kannst du auch andere Rezeptmengen reduzieren oder multiplizieren, bei denen die Mengenangaben wichtig sind, wie etwa Mayonnaise. Bei Gemüse erfolgen Mengenangaben in der Regel nach Stückzahl, hier gilt es natürlich zu beachten, dass die Größe variiert. Fordert das Rezept zwei Karotten und deine sind besonders winzig, nimm dementsprechend drei bis vier. Deine Zucchini ist gigantisch? Vielleicht reicht eine halbe für die Zubereitung. Werden vorgekochte Gemüse oder Hülsenfrüchte verwendet, beziehen sich die Mengenangaben auf die gekochte Zubereitung. Dementsprechend ist Folgendes mit zu bedenken: Hülsenfrüchte „werden mehr", Gemüse „wird weniger" bei der Zubereitung, zumal wenn es nach dem Kochen noch geschält wird (Kartoffeln, Rote Bete etc.).

Arbeitsplatz

Stelle sicher, dass du genügend Platz hast für die Tätigkeiten, die du ausführen möchtest. Und dass die Rahmenbedingungen stimmen, wie eine gute Beleuchtung, wenn du etwas kleines, „fitzeliges" wie gefüllte Pasta herstellst, oder eine gute Belüftung, wenn du größere Mengen Fettgebackenes herausbrätst. Du verfügst nur über eine kleine Arbeitsfläche? Dann überlege, ob du bestimmte Arbeiten nacheinander oder „in Portionen" ausführen kannst oder ob du einen Teil davon an den Esstisch verlegen kannst. Wenn du größere Mengen Kartoffeln schälst, stell dir eine Schüssel oder den Biomüll in die Nähe, um nicht nach jeder Kartoffel durch die halbe Küche laufen zu müssen bzw. deinen Arbeitsplatz sauber halten zu können. Hab immer einen ausgewaschenen Spüllappen griffbereit, um dein Schneidebrett oder dein Messer zwischen den Arbeitsschritten abwischen zu können. Wenn du Gemüse schneidest, stelle dir Behälter für die geschnittenen Stücke bereit, falls nicht alles gleich in den Topf wandert. Wenn du dich einmal daran gewöhnst, deinen Arbeitsplatz bereits während des Kochens sauber zu halten, wird das Aufräumen schon währenddessen fast vollständig erledigt.

Werkzeuge

Je schärfer das Messer, desto einfacher und schneller schneidest du deine Zwiebel. Je besser dein Sparschäler in der Hand liegt, desto einfacher lassen sich auch „nervige Aufgaben" erledigen, wie beispielsweise größere Mengen Spargel schälen. Je größer und schwerer dein Schneidebrett, desto weniger leicht fällt dir die Hälfte des geschnittenen Gemüses herunter oder verrutscht das Ganze, während du mit einem scharfen Messer hantierst.

Ordentliches Handwerkszeug ist die halbe Miete für ein erfüllendes Kochergebnis. In der Profiküche schont man dadurch auch die eigene Gesundheit, etwa vor überlasteten Handgelenken durch stumpfe Messer, und spart Zeit, ergo Geld. Mehr Infos zum Thema Küchenwerkzeuge und -geräte findest du ab Seite 58.

Technik und Abläufe

Neben dem richtigen Arbeitsgerät kommt es auch auf die richtige Technik und optimale Abläufe an. Was ich damit meine, erkläre ich am besten anhand einiger Beispiele. Viele dieser Techniken habe ich von jemandem gezeigt bekommen, viele habe ich mir selbst hergeleitet, einfach durch eine logische Herangehensweise.

- **Lebensmittel schneiden:** Bevor ich etwas schneide, überlege ich mir, wie viel Fläche und welches Messer ich dafür benötige. Möchte ich eine Knoblauchzehe schälen und fein hacken, genügt mir dafür ein kleines Messer und die Ecke eines Schneidebretts. Möchte ich hingegen einen Kohlkopf oder einen Kürbis halbieren und würfeln, benötige ich ein großes Brett und ein Messer, dessen Klinge mit der Schnittfläche der zu verarbeitenden Zutat übereinstimmt. Der wichtigste Tipp: die natürliche Auflagefläche des zu schneidenden Lebensmittels – sagen wir einer Karotte – bestimmen. Diese auf ein Brett legen und herausfinden, in welcher Position sie am besten aufliegt. So arbeitet die Schwerkraft mit uns und nichts verrutscht. Klingt banal, ist aber lebensverändernd. Versprochen.

- **Gemüse und Obst schälen:** Schon mal drüber nachgedacht, wie du eine Karotte oder eine Kartoffel schälst? Wenn man wie in der Gastro fünf Kilo vor sich liegen hat, denkt man drüber nach, wie sich das optimieren lässt. Ich bin Rechtshänderin, also halte ich die Karotte hochkant und drehe sie nach jedem Schälvorgang gegen den Uhrzeigersinn von mir weg. So fallen die Schalenstücke nicht in meine „Schälbahn", wo sie mich beim nächsten Schälvorgang behindern würden, sondern direkt in die daruntergestellte Schüssel. Klingt komplizierter, als es ist, probiere es einfach beim nächsten Mal aus.

- **Lebensmittel waschen:** Lebensmittel vor oder nach dem Schälen und Schneiden waschen? Kommt ganz drauf an. Bei vielen Gemüsen sparst du dir Zeit, wenn du sie erst schälst, schneidest und danach die fertigen Stücke oder Würfel wäschst. Etwa bei Kürbis, Paprika, Kartoffeln – im Grunde bei allem, wo es noch einzelne Kerne, Fasern oder Spuren von Erde abzuwaschen gibt. Kartoffeln, die geschält werden, vor und nach dem Schälen zu waschen, also zweimal, ist reine Wasser- und Zeitverschwendung. Wenn sie nicht extrem erdig sind, wasche ich nicht mal Kartoffeln, die nach dem Kochen ohne Schale verwendet werden, denn ich schäle sie ja später sowieso. In anderen Fällen macht das Prinzip „Erst waschen" Sinn, etwa bei Kräutern und Pflücksalaten, wenn diese extrem erdig sind. Dann schmeiße ich alles in die mit Wasser gefüllte Salatschleuder, wasche ein- bis zweimal ordentlich durch, schleudere und sortiere anschließend auf einem großen Küchenbrett ausgebreitet. Schmutzige Kräuter zu sortieren wäre viel mühsamer.

- **Zero Waste:** Mit der richtigen Verarbeitungstechnik und dem richtigen Werkzeug kannst du die Verschwendung von Rohstoffen auf ein Minimum reduzieren. Damit tust du nicht nur etwas gegen Verschwendung, du sparst auch Geld. Auf den Seiten 100 und 101 zeige ich dir, wie man eine Zwiebel und eine Paprika bis zum letzten Zipfelchen verwertet. Und im Kapitel über Werkzeug (Seite 58) liste ich solche auf, die gegen Verschwendung helfen wie der Teigschaber oder der Marmeladentrichter.

Fazit: Ich habe über die Jahre für alle Lebensmittel, mit denen ich regelmäßig arbeite, die effizientesten Wege gefunden, diese möglichst zeit-, ressourcen-, energie- und produktschonend zu verarbeiten. Nimm dir eine Minute Zeit, um drüber nachzudenken, wie sich der Arbeitsschritt am besten umsetzen lässt, und wenn dir selbst nichts Cleveres einfällt: Viele schnelle Tipps findest du in diesem Buch ab Seite 86 oder auch auf YouTube – dort gibt es fast zu allem ein Erklärvideo!

ARBEITSPLATZ

Tipps, Tricks & How Tos

33 Tipps & Tricks

1 Wenn man Steinobst vor dem Anschneiden mit etwas Druck auf einem Brett rollt, lässt sich der Kern leichter entfernen.

2 Wenn man bei der Zubereitung von Hummus in der Küchenmaschine oder im Hochleistungsmixer eine Handvoll Eiswürfel dazugibt, wird die Konsistenz fluffiger.

3 Leicht verbrannte Ränder von Toastbrot lassen sich einfach mit der Küchenschere abschneiden.

4 Eine kleine Menge Sauerkraut oder anderes fermentiertes Gemüse zum Salat mischen gibt diesem nicht nur eine pikante Note, sondern ist auch megagesund.

5 Manche Gerichte wie gekochter Rotkohl oder Sauerkraut schmecken mehrmals aufgewärmt am besten.

6

Sauerkraut hält kühl gelagert mindestens 6 Monate oder wie Großmutter gesagt hätte: bis der Winter zu Ende ist!

7

Eine dünne Schicht (pflanzlicher) Butter auf deinem Sandwich verhindert, dass andere Aufstriche oder Beläge das Brot schnell aufweichen. Aus Tomatenscheiben die Kerne entfernen hilft zusätzlich.

8

Eis 15 bis 20 Minuten vor dem Servieren aus dem Gefrierfach nehmen, dann lässt es sich super zu Kugeln portionieren.

9

Wenn du für ein Gericht geröstete, gehackte Nüsse verwendest, röste sie erst und hacke sie dann, frisch geröstet lassen sie sich leichter hacken.

10

Manche Gerichte schmecken heiß und kalt gleich gut, manche schmecken sogar kalt noch besser als warm. Finde raus, welche!

11

Als vegane Alternative zu Parmesan kannst du Hefeflocken oder angeröstete Semmelbrösel über deine Pasta streuen.

12 Wende Bratlinge, Pfannkuchen und alles, was in der Pfanne beidseitig angebraten wird, möglichst nur einmal. Dann hält die Konsistenz, auch wenn sie etwas weicher ist.

13 Viele Reste lassen sich durch Anbraten oder Im-Ofen-Backen köstlich verwerten: Reisbällchen, Porridge-Pancakes, Quinoa-Bratlinge etc.

14 Du willst frisches Brot backen, hast aber wenig Zeit? Je flacher, desto kürzer die Backzeit, mache also z. B. Focaccia oder Fladenbrot.

15 Die Krümel von Tortilla-Chips kann man in einem Glas sammeln und als crunchy Topping für Wraps und Salate verarbeiten.

16 Kürbisse mit strukturierter Schale (z. B. Muskatkürbis) lassen sich am besten schälen, wenn man sie zuerst entlang der Rillen in Segmente schneidet, so kommt man problemlos überallhin.

17 Mit Rote-Bete-Saft lassen sich viele Gerichte einfärben, sogar Vanillekipferl. Oft reichen schon ein paar Tropfen für ein schickes, knalliges Farbergebnis und man schmeckt es auch nicht raus, z.B. mit Saft statt Wasser gebackenes Brot oder Brötchen, in Saft eingelegter, gekochter Blumenkohl, mit Saft gefärbter Pastateig, Saucen, Suppen etc.

18 Ausgekochte Gemüsereste von der Brühe- oder Bratensauce-Zubereitung sind bei Hunden und Katzen sehr beliebt.

19 Stängel von Grünkohl, Wirsing und Co. kann man fein schneiden und zusammen mit dem restlichen Gemüse andünsten, das sorgt für vollständige Verwertung und Biss!

20 Warme Brühe wärmt besser als Tee.

21 Aus unbehandelten Apfelschalen lässt sich köstlicher Früchtetee brauen.

22 Pro Person rechnet man 200 ml Suppe als Vorspeise und 300 bis 400 ml als Hauptspeise.

23 Die Zugabe von Vanille unterstützt den süßen Geschmack eines Gerichts, sodass bei Speisen mit natürlicher Süße (z. B. aus Früchten) oft kein weiteres Süßungsmittel nötig ist.

24 Wenn du dein Brötchen mit jemandem teilen möchtest, schneide es vertikal, dann bekommt ihr beide gleich viel Ober- und Unterseite.

25

Barbecue 1: Stiele von harten Kräutern wie Rosmarin oder Salbei kann man als umweltfreundliche Grillspieße verwenden, zudem geben sie Grillgut ein herrliches Aroma.

26

Barbecue 2: Kohlblätter lassen sich als essbarer Alufolienersatz für Grillgut verwenden.

27 Wasser hilft, Teig zu bändigen: egal ob man für Hefeteig die Finger befeuchtet oder Rührteig in der Form verstreichen möchte und den Teigschaber darüber leicht anfeuchtet.

28

Natron ist ein wahrer Alleskönner:

Man kann es als Backtriebmittel nutzen, es bindet unangenehme Gerüche, z. B. im Abfluss oder im Kühlschrank (Schale mit Natron in den Kühlschrank stellen bzw. ein wenig davon in den Abfluss).

Verstopfte Abflüsse werden mit Natron und Essig wieder frei (1 Teil Natron einstreuen, mit 1 Teil Essig nachspülen).

Heißes Wasser mit Natron lässt muffige Gerüche in Thermoskannen verschwinden.

Angebrannte Speisereste in Töpfen lassen sich entfernen, indem man ein wenig Natron in Wasser darin aufkocht.

Verkalkungen und Schmutz in Waschbecken und an Armaturen lassen sich mit einem feuchten Natron-bestäubten Lappen blitzblank reinigen.

29

Tomaten halten länger frisch, wenn sie mit dem Stielansatz nach unten gelagert werden.

30

Gekochte Kartoffeln, die nicht gleich gegessen werden, haben unsere Großmütter in Zeitungspapier gewickelt im Bett unter der Decke warm gehalten.

31

Aus Resten von Backteig kannst
du einfach einen kleinen Pfannkuchen braten.

32

Einzelne Weintrauben (gerne auch
leicht schrumpelige) einfrieren
und in Getränken als Eiswürfel-
ersatz verwenden.

33

Nicht jedes Essen lässt sich retten, manchmal ist es auch okay zu kapitulieren und das
Misslungene in den Biomüll zu werfen oder
ans Hausschwein zu verfüttern, man hat auf
jeden Fall etwas gelernt.

Meine eigenen Tipps

How Tos

Für all diese Vorgänge gibt es nicht „die eine, richtige" Technik, das sind die, die ich benutze und die für mich gut funktionieren.

Wie man eine Orange filetiert

1. Zeste vor dem Filetieren optional unter Drehen abreiben. Wichtig: feste Unterlage für die Reibe.

2. Beide Enden der Orange abschneiden.

3. Die Schale mit halbkreisförmiger Bewegung inkl. weißer Zwischenhaut rundherum ganz abschneiden.

4. Die Filetsegmente über einer Schüssel mit dem Messer herauslösen. Saft auffangen.

5. Mit dem Daumen die übrige Zwischenhaut festhalten und weiter rundherum arbeiten.

6. Die restliche Frucht auspressen, um den darin verbliebenen Saft mitzuverwenden.

Wie man einen Apfel würfelt

1. Den Apfel vierteln und mit einem großen Messer im 45-Grad-Winkel das Kerngehäuse abschneiden.

2. Jedes Viertel vertikal in Scheiben schneiden. Die Dicke der Scheiben bestimmt die Größe der späteren Würfel.

3. Den Scheibenhaufen um 180 Grad wenden und mit dem „Katzenkralle"-Griff wiederum in gleich dicke Scheiben schneiden.

4. Anschliessend das Ganze zu Würfeln weiterverarbeiten.

Wie man Zitronenschnitze servierfertig schneidet

1. Beide Enden der Zitrone abschneiden.

2. Anschließend halbieren und in Schnitze schneiden, durch die abgeschnittenen Enden lassen sich die Schnitze besser greifen und über dem gewünschten Gericht ausdrücken.

Wie man eine Zwiebel würfelt

1. Halbieren, Spitze ab-
schneiden, Zipfelchen
dran lassen und schälen.

2. Horizontal und verti-
kal mehrmals ein-, aber
nicht durchschneiden, je
nachdem, wie klein die
Würfel werden sollen.

3. Vertikal fein würfeln,
die Finger inkl. Daumen
zur „Katzenkralle" for-
men, um so mit direktem
Kontakt zur Klinge
schneiden zu können.

4. Am Zipfelchen fest-
halten, das letzte Stück
kippen und bis auf das
kleine Endstück alles fein
abschneiden.

Transport 1: Mit Vorsicht
kann man das Klingen-
blatt nutzen, um Geschnittenes zu transferieren.

Transport 2: Ungefähr-
licher ist es, alternativ
dafür eine Teigkarte zu
nutzen.

Wie man eine Paprika schneidet

1. Beide Enden abschnei-
den. Sie werden natürlich
mit verwendet.

2. Mit den Fingern das
Kerngehäuse heraus-
ziehen.

3. Die Paprika entlang der
Einbuchtungen in Stücke
schneiden.

4. An den Schnittkanten
Reste der weißen Innen-
haut entfernen.

5. Die Stücke vertikal in
feine Scheiben schneiden.

6. Mit den beiden End-
stücken genauso verfahren
und so alles aufbrauchen.

Wie man Ingwer schält

1. Mit einem Teelöffel die Schale vom Ingwer ablösen. Mit den großen Flächen der Knolle beginnen.

2. Danach lässt sich auch die Schale in den Winkeln und Verzweigungen der Knolle leichter entfernen.

Wie man Sauerkraut herstellt

1. Kohlkopf mit einem großen Messer halbieren und vierteln.

2. Von der Spitze zum Strunk vertikal in feine Streifen schneiden.

3. Auf diese Weise kann man sich bis zum Strunkansatz vorarbeiten und es bleibt fast kein Rest übrig.

4. Sukzessive in einer großen Schüssel mit Salz fest massieren, bis Flüssigkeit austritt. Ich rechne 1 TL pro ½ Kohl. Mit einem Viertel beginnen und erst mehr Kohlscheiben dazugeben, wenn die erste Portion weich geknetet ist.

5. Nach mindestens 10 Minuten mit der Flüssigkeit portionsweise fest mit der Faust in ein sauber ausgespültes Glas drücken.

6. Optimal sollte das Glas ganz voll und der Kohl ganz mit Flüssigkeit bedeckt sein. Gewichte helfen, dass alles „unter Wasser" bleibt. Wie es weitergeht, steht auf Seite 150.

Die Kunst der Zubereitung

Es gibt unendlich viele Zubereitungsmethoden, um Lebensmittel in köstliche Gerichte zu verwandeln. Auf den folgenden Seiten gehe ich auf jene ein, die meines Erachtens für die pflanzliche Küche am relevantesten sind und die ich am häufigsten anwende. Ich möchte dich aber dazu ermutigen, immer mal wieder neue Techniken auszuprobieren, um den eigenen kulinarischen Horizont zu erweitern.

Die Komposition auf dem Teller

Am „spannendsten" ist ein Gericht dann, wenn es aus verschiedenen Konsistenzen, Formen, Größen und Farben zusammengestellt ist, die mit verschiedenen Zubereitungsmethoden erreicht wurden. Das bedeutet nicht, dass nicht manchmal auch ein Teller Nudeln mit Olivenöl und Salz größte Befriedigung hervorrufen kann, aber Vielfalt auf dem Teller erzeugt Freude und Genuss, das kann man sich einfach mal so abspeichern. Und wenn du einmal anfängst, dir bei der Planung eines Gerichts darüber Gedanken zu machen, verinnerlichst du das irgendwann so, dass es sich nicht mehr mühevoll anfühlt.

Hier ein paar Hilfestellungen zur Umsetzung:

- Gibt es etwas Knackiges, Rohes, vielleicht Saures oder Pikantes auf dem Teller?

- Gibt es eine cremige, sahnige, im Mund zergehende Komponente?

- Habe ich etwas Knuspriges dabei, z. B. eine Scheibe frisches Brot, Croûtons, geröstete Nüsse oder Samen als Topping?

- Oder etwas mit Biss gekochtes Getreide?

- Habe ich eine herzhafte Umami-Komponente mit an Bord?

- Habe ich vielleicht Komponenten mit unterschiedlichen Temperaturen (heiß, lauwarm, kalt) auf dem Teller?

FOTO VORHERIGE DOPPELSEITE

Hier siehst du einige Gerichte als Beispiele für Zubereitungen bzw. Konsistenzen (v. l. n. r. im Uhrzeigersinn): Zuckerhutsalat (roh), Pesto (roh, püriert), Tofuwurst-Scheiben (gebraten), Sauerteigbrot (fermentiert, gebacken), Hummus (gekocht, püriert), Rote Bete (fermentiert), Bohnen mit Schwarzkohl (gekocht, gebraten)

- Ist der Teller ansprechend durch kräftige, unterschiedliche Farben? Wenn nicht, etwa bei einem bräunlichen Linsengericht, kann ich ihn durch Toppings wie frische Kräuter, rote Zwiebelringe oder Paprikapulver aufmotzen?

Formen, Größen und Schnitt-Techniken

„Form follows function" ist ein bekannter Leitsatz aus dem Architektur- und Designbereich, der sich meines Erachtens super auf die Küche übertragen lässt. Denn wie klein oder groß ich meine Zutaten schneide und verarbeite, hängt davon ab, welche Funktion sie auf dem Teller erfüllen. Wenn ich Spaghetti mit einer Gemüsesauce zubereite und möchte, dass sich diese gut mit der Pasta vermischen lässt, schneide ich das Gemüse dafür kleinteilig. Wenn ich einen Blumenkohlkopf im Ganzen im Backofen grille, ist es Teil meiner Servideee, dass die Gäste diesen mit Messer und Gabel eigenständig zerteilen. Wenn ich Äpfel für einen Apfelstrudel zerkleinere, eignen sich Scheiben besser für die Füllung, weil sie sich gut übereinanderstapeln lassen, scharfkantige Würfel würden dem Strudel eine ungleichmäßige Form geben und den Teig leicht reißen lassen. Hier ein paar Tipps:

- **Größe:** Ob ein Viertel gegrillter Kohl, gebratene Radicchiospalten oder im Ganzen gekochte Kartoffeln: einfach mal was ganz lassen. Gerade in der Gemüseküche neigen wir dazu, alles klein zu schnippeln, doch ein bisschen „Arbeit" auf dem Teller fördert den bewussten Genuss und verlangsamt die Verzehrgeschwindigkeit, was auch der Verdauung zuträglich ist.

- **Wie soll das Gericht gegessen werden?** Gibt es Suppe oder Eintopf, sollten die Einlagen so klein bzw. so weich sein, dass sie sich mit einem Löffel aufnehmen oder zerteilen lassen.

- **Optik:** Ein Romanescoröschen macht visuell mehr her als der Stiel des Gemüses, deshalb würde ich es im Ganzen verwenden und den geschmacklich genauso leckeren, aber optisch langweiligeren Part als Püree oder Saucenbasis verarbeiten.

- **Konsistenzveränderung:** Gerade „müde" Zutaten wie schlappe Karotten, angetrocknete Kräuter oder runzlige Tomaten lassen sich durch Raspeln, Pürieren und Grillen geschmacklich und visuell aufwerten.

- **Schnitt-Technik:** Ob ich Zwiebeln fein gewürfelt oder grob in Scheiben geschnitten verarbeite, hängt davon ab, welche Funktion sie in dem Gericht erfüllen: Sind sie Würzzutat einer Sauce oder eines Dips oder sollen sie als Komponente eine gleichberechtigte Rolle mit anderen Gemüsesorten spielen, wie etwas als Wokgemüse (Seite 173)?

- **Aufwand:** Wie viel Zeit habe ich und wie wichtig ist mir die Optik? Für den sommerlichen Fruchtsalat sieht es toll aus, mit dem Ausstecher Melonenkügelchen zu zaubern (und den Rest zu einem köstlichen Smoothie zu verarbeiten), doch im Alltag sind Würfel genauso okay und lecker.

- **Anspruch:** Im Fine-Dining-Restaurant mag es ein Zeichen von Qualität sein, dass alle Gemüse sorgfältig mit der Hand geschält und geschnitten werden, um dagegen täglich vier hungrige Mäuler zu stopfen, ist es voll okay, zum Zerkleinern eine entsprechende Küchenmaschine zu nutzen.

Die verschiedenen Zubereitunsgmethoden

- **Rohkost-Zubereitung:** Viele Menschen denken bei der Zubereitung von Speisen vorrangig an warme Zubereitungsarten, aber für mich gehört auch die Verarbeitung von Zutaten im Rohzustand dazu. Es gibt eine komplette Küchenphilosophie, die sich nur mit dem Thema Rohkost beschäftigt. Auch wenn ich selbst mich nie ganz rohköstlich ernähren würde, liebe ich rohe Gerichte, gerade in der heißen Jahreszeit, oder rohe Komponenten als Teil meiner Gerichte. Für den tieferen Einstieg ins Thema empfehle ich die Arbeit meines Kollegen *Boris Lauser*, bei dem ich vor Jahren einen Basiskurs zum Thema absolviert habe und der einer der profiliertesten Expert*innen für Rohkost im deutschsprachigen Raum ist. Meine Lieblings-Rohkost-Technik ist die **Gemüsemassage:** Klingt verrückt, ist aber höchst effizient. Durch das Massieren bestimmter Gemüsesorten mit einer Prise Salz wird die Struktur aufgebrochen und sie lassen sich leichter kauen und verdauen. Es handelt sich hierbei um das gleiche Prinzip wie bei der Fermentierung von Gemüse (z.B. Sauerkrautherstellung, Seite 104), nur dass das Ergebnis sofort verzehrt wird. Funktioniert mit geschnittenem oder geriebenem Weißkohl, Rotkohl, Wirsing, Rosenkohl, Spitzkohl, Grünkohl, Palmkohl, allen Arten von Bete etc.

> Manches Gemüse essen wir ganz selbstverständlich roh (Paprika, Karotten, Gurke), bei anderen Sorten wissen viele Menschen gar nicht, dass man sie auch roh verspeisen kann, z.B.:
>
> - Zucchini, im Salat, statt Gurke im Zaziki, als Gemüsenudeln, in der Gazpacho
>
> - Kürbis, fein geraspelt als Salat oder leicht mit Salz massiert als kalte Beilage
>
> - Champignons, dünn geschnitten im Salat oder in einer Bowl
>
> - Brokkoli, roh verzehrt mit Dip als Sommergericht
>
> Einfach mal reinbeißen und ausprobieren!

- **Kochen:** Darunter versteht man das Garen von Lebensmitteln in Flüssigkeit bei ca. 100 °C. Diese Technik wird entweder für Lebensmittel verwendet, die eine längere Zeit benötigen, um eine essbare Konsistenz zu erlangen, wie etwa Nudeln, Getreide oder Kartoffeln. Oder für Gerichte, die durch längeres Kochen oder Köcheln (leichtes Kochen bei schwacher Hitze) eine intensivere Geschmacksentwicklung bekommen sollen (Bolognese, Seite 157, Bratensauce, Seite 213).

- **Sieden:** Darunter versteht man ein Garen um den Siedepunkt, bei dem das Wasser im Topf gerade noch nicht sprudelnd kocht. So bleiben Knödel, gefüllte Teigwaren oder Gnocchi beim Garziehen ganz und ansehnlich.

- **Blanchieren:** Bei dieser Technik werden Lebensmittel nur kurz siedendem Wasser oder Wasserdampf ausgesetzt. Bei Gemüse wird diese Technik häufig genutzt, um es danach einzufrieren, ein Abschrecken in Eiswasser erhält Farbe, Geschmack und Struktur. Ich blanchiere auch Kohlblätter (in einer tiefen Pfanne), wenn ich sie anschließend füllen und braten möchte.

- **Dünsten:** Der Unterschied zum Kochen besteht darin, dass ein Garen im eigenen Saft stattfindet, mit wenig Fett und wenig Flüssigkeit bei ca. 100 °C. Oft wird angenommen, dass Gemüse roh am besten für uns ist, doch das lässt sich nicht pauschalisieren. Manche Nährstoffe können wir in gekochtem Zustand besser aufnehmen, z. B. bei Karotten, Bete, Kürbis. Bei meiner Bio-Gourmet-Fachfrau-Weiterbildung im *BioGourmetClub Köln* habe ich dieses Zubereitungsprinzip für lange gekochtes Gemüse gelernt, das ich gerne und oft für Karotten und Bete anwende: Gemüse in große Stücke zerteilen, wenig Öl im Topf erhitzen, das Gemüse 2 Minuten darin leicht anschwitzen, eine Prise Salz dazu, umrühren und dann bei geschlossenem Deckel unter Zugabe von wenig oder gar keinem Wasser etwa 30 bis 40 Minuten langsam gar kochen. Was ich auch gerne dünste, sind Zwiebelringe, die so bei schwacher Hitze schonend zubereitet ihre natürliche Süße entfalten und als köstliches Topping zu vielen herzhaften Gerichten passen.

- **Schmoren:** Beim Schmoren werden zwei Garverfahren kombiniert: anbraten und in siedender Flüssigkeit weitergaren. Durch das Anbraten entstehen die für den Geschmack des Schmorgerichtes wesentlichen Röstaromen. Diese sind vor allem bei der Herstellung von Saucen und herzhaften Eintöpfen erwünscht. Hervorragend eignen sich dafür Wurzelgemüse und Pilze. Ein Beispiel dafür ist die Bratensauce, Seite 213.

- **Druckgaren:** Mithilfe eines Schnellkochtopfs lassen sich Flüssigkeiten unter Druck auf bis zu 120 °C erhitzen, dadurch wird die Kochzeit erheblich reduziert. Schnellkochtöpfe jagen vielen Menschen Respekt ein, dabei sind sie heutzutage sehr sicher konzipiert, und das Einzige, was passieren kann, ist, dass bei Überdruck unter lautem Zischen Druck abgelassen wird. Wichtig ist nur, dass am Anfang genug

Flüssigkeit im Topf ist, sonst besteht Anbrenngefahr. Die Kochzeiten für verschiedene Lebensmittel variieren je nach Topfmodell, sind aber beim Kauf in einer Broschüre mit angegeben. Nach eigenen Erfahrungswerten rate ich, sich individuelle Notizen zu den Kochzeiten der gekochten Lebensmittel zu machen. Der Schnellkochtopf spart nicht nur Zeit, sondern auch Energie. Da der Dampf nicht entweichen kann, wird weniger Flüssigkeit benötigt, dadurch bleiben mehr Vitamine und Mineralstoffe in den Lebensmitteln. Ich nutze den Schnellkochtopf vor allem, um Hülsenfrüchte oder Kartoffeln zu kochen, und habe mich mittlerweile gut eingegroovt. Wenn ich bei der Kochzeit unsicher bin, setze ich sie lieber kürzer an, überprüfe und verlängere sie zur Not noch mal. Wenn du zu ungeduldig bist, das Abkühlen abzuwarten, kannst du den Topf auch unter einem kalten Wasserstrahl schnell abkühlen, um ihn anschließend zu öffnen.

- **Braten in der Pfanne:** Darunter versteht man das Garen in der Pfanne in heißem Fett bei ca. 120 bis 180 °C. Bei der Wahl des Fettes gilt es zu beachten, dass dieses hoch erhitzbar ist. Hier spielt der sogenannte Rauchpunkt eine Rolle, er markiert den Zeitpunkt, ab dem das Öl oder das Fett sichtbar zu qualmen beginnt. Der Rauch entsteht durch die Oxidation und Aufspaltung einzelner Fettsäuren, dabei werden gesundheitsschädliche Stoffe freigesetzt. Öle mit niedrigem Rauchpunkt sind vor allem Öle mit mehrfach ungesättigte Fettsäuren, also die besonders gesunden Öle, wie Nussöle, Hanföl, Leinöl – sie sollten für Salate, Dressings und zur Verfeinerung von Speisen, aber nicht zum Braten verwendet werden. Öle mit einfach ungesättigten Fettsäuren haben einen hohen Rauchpunkt und sind super zum Braten geeignet, z. B. Distelöl, Sonnenblumenöl, Bratöle. Auch feste Fette wie Kokosöl sind hitzestabil. Ich benutze meist Bio-Bratöl auf Sonnenblumenölbasis. Kalt gepresstes Olivenöl hat einen niedrigeren Rauchpunkt und ist nicht zum scharfen Anbraten geeignet, für moderate Temperaturen aber gut verwendbar. Wenn in italienischen Küchen Olivenöl zum Anbraten verwendet wird, handelt es sich meistens um raffiniertes, also behandeltes Olivenöl, das dafür geeignet ist. Die Zubereitung im Wok oder in der Wokpfanne ist auch eine Art des Bratens, bei der das Gemüse aber in ständiger Bewegung gehalten wird, um eine Krustenbildung zu vermeiden und ein frisch-knackiges Ergebnis zu erzielen (Seite 173). Wichtig beim Braten ist auch die Erhitzung der Pfanne bzw. deren Wärmeleitung. Egal ob gusseiserne oder beschichtete Pfanne, je besser die Qualität, desto gleichmäßiger die Wärmeleitung, was logischerweise zu einem besseren Bratergebnis führt.

DIE HÄUFIGSTEN FEHLER BEIM BRATEN

- Bratgut in nicht vollständig erhitztes Fett in die Pfanne geben. Dies lässt sich mit zwei einfachen Tricks überprüfen: Holzlöffel oder -pfannenwender ins Fett halten; bilden sich am Holz Bläschen, ist das Fett heiß genug. Alternativ (mit Sicherheitsabstand) ein paar Tropfen Wasser ins Fett spritzen, zischt es, ist es heiß genug.

- Zu wenig Fett benutzen, was bei nicht beschichteten Pfannen zu Anbrennen und bei beschichteten Pfannen zu einem faden Geschmacksergebnis führen kann.

- Zu häufiges Wenden bzw. nicht lange genug warten, bis eine Krustenbildung stattfindet.

- Vorsicht bei Lebensmitteln, die schnell anbrennen; hier immer dabeibleiben und mit niedriger, wohl dosierter Hitzezufuhr arbeiten: Nüsse und Samen (ohne Fett anbraten), Gewürze (gemahlene Gewürze nur ganz kurz und unter ständigem Rühren anrösten, ganze Gewürze so lange, bis sie zu duften beginnen).

WICHTIGE TIPPS

- Beim Umgang mit heißem Fett immer etwas Langärmeliges tragen (das ist der Grund, warum Kochjacken lange Ärmel haben), das schützt vor Fettspritzern.

- Je näher du dich „ans Fett herantraust", desto weniger Verletzungsgefahr besteht: Lege das Bratgut direkt aus der Nähe ins Fett (natürlich ohne Direktkontakt), anstatt es hineinzuwerfen, sonst spritzt es, das ist viel gefährlicher.

- **Frittieren:** Frittieren bedeutet Garen im schwimmenden heißen Fett bei 160 bis 220 °C. Es hat zu Unrecht ein schlechtes Image als ungesundes Essen. Es kommt immer ein bisschen darauf an, wie man es anstellt. Wird beispielsweise Gemüse mit einer dünnen Teigschicht überzogen und anschließend frittiert, versiegelt diese das Gemüse und schützt vor dem Eindringen des Fettes. Hierzu gibt es ein wunderbares Video im Internet, in dem meine Kollegin *Amanda Cohen* aus New York die Vorgehensweise beschreibt (*"How to Deep Fry Vegetables"*, YouTube). Für mich gehört es zu den Zubereitungsarten, die ich ab und zu anwende, aber die nicht zum festen Wochenprogramm gehören. Ich frittiere gerne mal Gemüse, selbst gemachte Frühlingsrollen oder Falafeln. Reste von Frittieröl filtere ich durch einen Kaffeefilter und lagere sie in einem Schraubglas. Innerhalb eines Monats verwende ich sie gerne noch mal für ein zu frittierendes Gericht. Wichtig: Ölreste nie in den Ausguss oder die Toilette gießen, sondern entsorgen. Kleine Mengen aus dem Topf mit einem Papiertuch oder einem alten Lappen aufsaugen, größere Mengen in ein Schraubglas gefüllt im Restmüll entsorgen. Größere Mengen Frittierfett, wie etwa für eine Fritteuse notwendig, müssen beim Wertstoffhof entsorgt werden.

- **Braten im Backofen:** Darunter versteht man das Garen im Backofen in heißer Luft und mit heißem Fett bei ca. 200 bis 220 °C. Ich brate im Backofen Gemüse, selbst gemachte Pommes, Seitanbraten, Aufläufe wie Lasagne oder Auberginen-Kartoffel-Auflauf (Seite 200) und vieles mehr. Beim Zubereiten von vorgeschnittenem Gemüse ist es wichtig, die unterschiedlichen Garzeiten zu berücksichtigen, sonst hat man auf seinem Blech neben halb rohen Kartoffelspalten verkohlte Zwiebelstreifen liegen. Gemüse mit kürzerer Garzeit solltest du also später dazugeben. Bei der Zubereitung von Gemüsen mit hohem Wassergehalt kommt es oft zu starker Dampfentwicklung im Backofen; hier ist es sinnvoll, während der Bratzeit ein paarmal die Ofentür zu öffnen und den Dampf abzulassen. Die meisten Gerichte bereite ich auf der mittleren Schiene des Backofens vor. Außer ich möchte etwas nur kurz überbacken, grillen oder bräunen, dann würde ich es unter Umständen weiter oben platzieren.

- **Grillen:** Beim Grillen im Ofen oder auf dem Grill unter Bräunung durch Strahlungswärme liegen die Temperaturen bei ca. 300 °C, also wesentlich höher als beim Braten im Backofen. Mein Backofen für den Hausgebrauch startet die Grillfunktion bei 240 °C und ich nutze sie vor allem, um Gerichten kurzfristig eine finale Bräune zu verpassen. Diese Funktion hat sehr viel Power, also am besten nicht das Zimmer verlassen, sondern dabeibleiben, sonst verbrennt's schnell.

- **Backen im Backofen:** Dieses Garen im Backofen in heißer Luft bei ca. 120 bis 250 °C kommt bei der Zubereitung süßer und herzhafter Gebäckstücke sowie Kuchen zum Einsatz. Hierbei gilt es den Unterschied zwischen Ober-/Unterhitze und Umluft zu beachten. Nicht alle Backöfen sind mit einer Umluftfunktion ausgestattet, somit sind die gängigen Temperaturangaben für die Ober-/Unterhitze und werden bei Umluft entsprechend umgerechnet: Einfach minus 20 °C, also eine Backtemperatur von 180 °C Ober-/Unterhitze entspricht 160 °C Umluft. Umluft eignet sich für das gleichzeitige Backen mehrerer Backbleche oder Backformen, z. B. für Plätzchen und für eher feuchte Kuchen. Ober-/Unterhitze eignet sich für das Backen eines (trockenen) Kuchens oder eines Blechs Gebäck; hierfür wird das Backwerk auf der mittleren Schiene platziert. Wichtig ist, den Backofen immer erst ganz vorzuheizen und die Tür des Backofens während der Backzeit (vor allem in der ersten Hälfte) möglichst nicht zu öffnen, um keinen Temperaturabfall zu verursachen, der sich ungünstig auf das Ergebnis von Feingebäck auswirken kann. Backformen oder Bleche nicht beim Vorheizen mit erwärmen, außer dies ist speziell erwünscht, wie beim Römertopf zum Brotbacken oder bei einem Pizzastein zum Pizzabacken. Plätzchen zerfließen auf einem heißen Blech; immer erst abkühlen lassen, wenn du mehrere Ladungen backst.

- **Trocknen:** Mehr dazu auf Seite 148.

Wichtige Zubereitungs-Basics

Ein paar Basics, zu denen ich dir noch einige schnelle Tipps und Tricks dalassen möchte:

- **Reis kochen:** Wusstest du, dass Sushimeister*innen oft Jahre benötigen, um zu lernen, wie perfekter Sushireis gegart wird? Zum Glück gibt es für den einfachen Hausgebrauch zwei Methoden, die leichter nachzumachen sind: Bei der **Wassermethode** wird der Reis mit der 6-fachen Menge Wasser gar gekocht und anschließend in ein feinmaschiges Sieb abgegossen. Die Kochzeit beträgt je nach Reissorte 15 bis 45 Minuten, ist aber meist auf der Packung mit angegeben oder kann online recherchiert werden. Hier kann nichts anbrennen, allerdings gehen beim Abgießen Nährstoffe verloren. Bei der **Quellmethode** wird der Reis in so viel Wasser gegart, wie er beim Kochen aufnehmen kann, das sind 1 Teil Reis und 2 Teile Wasser; die Nährstoffe verbleiben im Reis. Den Reis mit der 2-fachen Menge leicht gesalzenem Wasser aufgießen, Deckel auflegen und aufkochen. Danach bei sehr schwacher Hitze je nach Sorte 15 bis 45 Minuten köcheln lassen, bis die Flüssigkeit aufgesogen ist. 1 Tasse (Cup-Maß entspricht 160 g) Reis reicht als großzügige Beilage für 2 Portionen. Grundsätzlich rechnet man: 60 bis 80 g pro Person als Beilage, 80 bis 100 g pro Person als Hauptgericht, 20 bis 30 g pro Person als Suppeneinlage. Wenn man die enthaltene Stärke nicht, wie bei Risotto, als Bindemittel benötigt, sollte man Reis vor dem Kochen stets waschen. Dafür gebe ich ihn in einen Topf mit kaltem Wasser, bewege ihn mit den Händen im Kreis und gieße das Wasser dann durch ein Sieb ab. Sollte es sehr trüb sein, wiederhole ich den Vorgang. Ich besitze einen Reiskocher mit Dämpfeinlage für Gemüse, damit wird der Reis immer perfekt und die Beilage gleich mit zubereitet. Zusammen mit etwas Fermentiertem aus dem Kühlschrank und ein bisschen Sojasauce und Gomasio wird daraus eine schnell zubereitete Mahlzeit für stressige Tage mit wenig Zeit.

- **Hülsenfrüchte kochen:** Hülsenfrüchte koche ich entweder im Schnellkochtopf oder in einem Topf mit guter Wärmeleitung, z. B. aus Gusseisen. Vor dem Kochen weiche ich sie am besten über Nacht, aber für mindestens 4 Stunden ein, das verkürzt die Kochzeit und verbessert die Verdaulichkeit, da unverdauliche Kohlenhydrate gelöst werden. Deshalb ist es auch wichtig, das Einweichwasser abzugießen, die Hülsenfrüchte in einem Sieb abzuspülen und zum Kochen frisches Wasser zu verwenden. Zusätzlich soll 1 g Natron pro Liter Einweichwasser den Abbauprozess der Kohlenhydrate unterstützen. 1 EL Öl im Kochwasser verhindert Schaumbildung. Das Mitkochen eines kleinen Stücks getrocknete Kombu-Alge (erhältlich in gut sortierten Bioläden) soll zusätzlich die Verdaulichkeit fördern. Salz erst nach dem Kochen dazugeben, es verlängert die Kochzeit.

- **Nudeln kochen:** Um die richtige Menge gekochter Nudeln abschätzen zu können, nutze ich gerne den leeren Teller, in dem ich das fertige Gericht servieren möchte, schütte ungekochte Nudeln hinein und lasse ein bisschen Platz, weil sie ja beim Kochen noch aufquellen. So kann man Augenmaß üben, und selbst wenn es mal zu viele Nudeln werden, lassen diese sich ja super in der Meal Prep verarbeiten. Die meisten Menschen kochen tendenziell zu viele Nudeln, weil sie denken, es reicht nicht. Zusammen mit einer reichhaltigen Sauce tut es das aber oft mehr als genug. Spaghetti gebe ich immer im Ganzen ins Kochwasser; sie rutschen von selbst nach und müssen nicht gebrochen werden. Das Wasser sollte kräftig gesalzen sein, Öl gehört nicht hinein. Es muss nicht wild sprudeln, ein beständiges Sieden reicht, um die Nudeln al dente zu kochen. Ich koste regelmäßig, und wenn ich merke, dass die Kochzeit fast erreicht ist, schalte ich den Herd aus und lasse die Nudeln noch 1 Minute im Wasser ziehen, bevor ich sie abgieße. Wenn ich sie in einer Sauce geschwenkt serviere (so wie in Italien traditionell üblich), sollten sie eher sehr al dente sein, weil sie da vor dem Servieren noch etwas nachkochen. Einige Schöpfer Nudelwasser geben einer zu dicken Sauce eine gute Konsistenz und durch den Stärkegehalt zusätzliche Bindung. Sollten die Nudeln vor der Sauce fertig werden, schrecke ich sie im Nudelsieb kalt ab. Dadurch wird überschüssiges Gluten abgewaschen und somit verhindert, dass sie anschließend zusammenkleben, ohne dass ich Öl hinzugeben muss. Der gleiche Trick funktioniert übrigens auch mit verklebten Rührteigschüsseln und von Teig klebrigen Händen: Kaltes Wasser löst Gluten!

- **Eine Sauce improvisieren:** Dies sind zwei Methoden, wie ich im Alltag aus dem, was zu Hause vorhanden ist, schnell Saucen für Pasta, Getreide und Co. zusammenbastle: **Mixen:** Im Hochleistungsmixer oder mithilfe eines Stabmixers wird aus einigen Basiszutaten schnell eine cremige Sauce aus „müden" Kräutern, Tahina oder Nussmus, Wasser, Gewürzen. Oder eine Basis für vegane Mac and Cheese aus vorgekochten Karotten oder einem Stück Kürbis, einer gekochten Kartoffel, Hefeflocken, Gemüsebrühe, Muskat, Pfeffer. Ich schmecke das Ergebnis ab, gebe

es zu den Nudeln, dem Getreide oder Gemüse, mit dem ich es servieren möchte, schmecke noch mal ab, fertig. **Anbraten:** Hier wird die Basis durch das Anbraten von Gemüse und die Entwicklung von Röstaromen gebildet. Das simpelste Beispiel wäre eine Basis nur aus Zwiebeln. Diese schwitze ich in genügend Fett an, bis sie leicht gebräunt sind, lasse nach Laune Gewürze oder ein bisschen Tomatenmark mit anrösten und lösche anschließend mit Flüssigkeit ab: ein Schuss übrig gebliebener Wein, etwas Gemüsebrühe, Nudelwasser oder einfach Wasser. Je nachdem, wie viel Sauce ich benötige, gebe ich mehr Flüssigkeit dazu und lasse das Ganze etwas reduzieren. Statt Zwiebeln können auch (zusätzlich) alle möglichen anderen Gemüse verwendet werden; soll es besonders schnell gehen, würfle ich die Gemüse sehr klein oder rasple sie mit einer Reibe oder Küchenmaschine. Zur Verfeinerung gibt es verschiedene Optionen: (pflanzliche) Sahne, einige Löffel Tahina oder Nussmus (gut verrühren, bis sich alles auflöst), (selbst gemachte) Kokosmilch oder Kokosmus aus dem Glas oder pürierte, frische Tomaten oder Tomatenmark. Und natürlich das Abschmecken nie vergessen.

- **Sprossen ziehen:** Selbst Sprossen zu ziehen ist ganz einfach und eine tolle Möglichkeit, auch im Winter frisches Grün auf dem Teller zu haben, zudem sind sie super gesund. Das gelingt entweder in einem Sprossenglas (Bio-Fachhandel oder Drogeriemarkt) oder in einer Edelstahlschüssel. Man kann Sprossensamen kaufen (Radieschen, Kresse, Rettich etc.) oder Getreide bzw. Hülsenfrüchte in unbehandelter Bio-Qualität verwenden, z. B. Mungbohnen, Linsen, Weizen, Roggen, Buchweizen. Anleitung fürs Ziehen in der Schüssel: Zuerst die Samen zum Quellen mindestens 8 Stunden in Wasser einweichen. Anschließend abgießen und in einem Sieb abtropfen lassen. Wieder in die Schüssel geben und darin unabgedeckt bei Tageslicht bei Zimmertemperatur sprießen lassen. Zwei- bis dreimal täglich abspülen, gut abtropfen lassen und zurück in die Schüssel geben. Nach 3 bis 4 Tagen sind die Sprossen fertig gekeimt. In einem sauberen Schraubglas im Kühlschrank halten sie 2 bis 3 Tage. Wichtig: Die Wurzeln bilden manchmal einen weißen, essbaren Flaum, das ist kein Schimmel! Riechen sie modrig oder sehen komisch aus? Dann im Zweifelsfall lieber kompostieren und nicht mehr verwenden.

SOS-Tipps für Zubereitungsnotfälle

Was tun, wenn ein Dressing, eine Sauce oder eine Suppe zu dickflüssig ist?

Meist reicht es schon, etwas Wasser dazuzugeben, man muss nicht unbedingt mit aromatischen Flüssigkeiten wie (pflanzlicher) Milch oder Gemüsebrühe verdünnen. Wichtig ist nur, dass danach noch mal abgeschmeckt wird. Am besten vorsichtig vorarbeiten, damit das Ergebnis nicht am Ende wieder zu flüssig wird.

Was tun, wenn ein Dip, ein Dressing, eine Sauce oder eine Suppe zu dünnflüssig ist?

Den Dip einfach stattdessen als Dressing verwenden oder durch Zugabe von (pflanzlichem) Frischkäse andicken. Dips und Dressings kann man durch die Zugabe von einigen Löffeln Nussmus oder Tahina oder (pflanzlichem) Joghurt andicken. Verfügt man über einen Hochleistungsmixer, kann man das Ganze mit ein paar Nüssen, Sonnenblumen- oder Kürbiskernen zusammen pürieren. Saucen und Suppen kann man reduzieren, also bei schwacher Hitze einkochen lassen, bis die Flüssigkeit reduziert ist. Dabei ist es wichtig, sie ohne Deckel zu kochen, damit die Flüssigkeit verdampfen kann.

Wie bekommt man Klumpen aus der Sauce oder aus dem Pudding?

Die Sauce oder den Pudding entweder mit einem Stabmixer bearbeiten oder mithilfe eines Teigschabers oder einer Teigkarte durch ein feines Sieb streifen.

Was tun, wenn eine Sauce gerinnt?

Das Gerinnen der Sauce entsteht dadurch, dass sich die Fett- und Wasserteile trennen, das kann durch zu starke Hitze oder einen zu hohen Säuregehalt begünstigt werden. Um dem vorzubeugen, sollte man sahnige Saucen (und das gilt auch beim Einsatz pflanzlicher Sahne) nicht zu wild kochen, sondern eher leicht köcheln lassen. Ist es zu spät, hilft die Beigabe einer Messerspitze Natron: Die Sauce schäumt zunächst etwas, wird beim Umrühren aber wieder schön glatt, weil es die Bestandteile wieder „vereint".

Wie rettet man Angebranntes?

Das kommt tatsächlich auf den Verbrennungsgrad an: Wenn nur die Ränder oder die Oberfläche eines Lebensmittels leicht geschwärzt sind, lassen sich diese entweder mit einer Küchenschere abschneiden oder mit einem Messer abkratzen, eine äußere Schicht lässt sich evtl. ganz abschneiden. Ist ein Gericht im Topf angebrannt, sollte man es vorsichtig umfüllen, um damit zu vermeiden, dass sich die schwarze Kruste vom Boden löst und im Gericht verteilt. Wenn bereits eine Vermischung stattgefunden hat, könnte man es – je nach Gericht – noch mit einem Sieb versuchen. Sobald die Verbrennungen zu umfangreich sind oder sich bereits auf den Geschmack aus-gewirkt haben, lieber in den Biomüll damit und beim nächsten Mal besser aufpassen.

Wie entschärft man ein zu scharf gewürztes oder versalzenes Gericht?

Die gängigste Methode in beiden Fällen ist das Strecken des Gerichts mit Wasser, (pflanzlicher) Milch oder mit fetthaltigen Lebensmitteln wie Kokosmilch, etwas Margarine, (veganer) saurer Sahne, (pflanzlichem) Joghurt, je nachdem, was zu dem Gericht passt. Zudem gibt es einige Lebensmittel, die Salz besonders gut auf-saugen und als eine Art „Schwamm" verwendet werden können. Dafür eignen sich Kartoffeln, Karotten oder auch ein paar Backpflaumen (die zudem etwas Süße abgeben, was salzigem Geschmack gegensteuern kann): Kartoffeln oder Karotten reiben oder in Würfel schneiden und für 15 Minuten im Gericht mitkochen las-sen. Passen sie geschmacklich dazu, dürfen sie anschließend drinbleiben, ansonsten werden sie mit einem Schaumlöffel herausgeschöpft oder je nach Flüssigkeitsgrad des Gerichts abgeseiht. Zudem kann man versuchen, zu viel Salzigkeit und Schärfe mit Süße und Säure auszubalancieren.

Wenn das nicht hilft, wäre die „letzte Rettung", das Gericht unter Zugabe weiterer Zutaten (jedoch ohne weitere scharfe Zutaten bzw. Salz) einfach auf die doppelte Menge zu verlängern und überschüssige Portionen für die Meal Prep einzufrieren.

Meine schnellsten Alltagsgerichte

→ Ofengemüse mit Dip aus Küchenschrank-Resten (Joghurt, Senf, Frühlingszwiebeln)

→ Spaghetti mit schnell gemachtem Pesto (Kräuter oder Grünkohl püriert mit Tahina, Knoblauch, Zitronensaft, Salz, Pfeffer)

→ Cremige Salatsuppe, Seite 162

→ ...

Die Grundlagen des Backens

„Der grundsätzliche Zweck des
Backens ist, die Zutaten in eine leicht
verdauliche Form zu bringen. Das
Aufgehen des Teiges wird durch Trieb-
mittel wie Backpulver, Hefe und
Sauerteig bewirkt. Die zugefügte Back-
hitze sorgt für das Festwerden des
Teiges und gibt hierdurch dem
Gebäck seine endgültige Form. Außen
bildet sich die Kruste, die dem Gebäck
sein appetitliches Aussehen verleiht.
Durch die beim Backen entwickelten
Geruchs- und Geschmacksstoffe
in Verbindung mit den zugefügten
Aromastoffen erhält das Gebäck den
so geschätzten Wohlgeschmack."

Aus „Backen macht Freude – Ein Handbuch der Hausbäckerei"
von Dr. August Oetker, Erstausgabe 1960

FOTO VORHERIGE DOPPELSEITE

Auf dem Foto siehst du einige meiner Back-Basics: Nudelholz, Backformen in verschiedenen Größen und Formen, Ausstechförmchen, Spritztüllen in verschiedenen Formen
zur Dekoration von Torten und Gebäck, Teigkarte, Teigrädchen und zwei antike Teigrädchen aus dem Nachlass der Familie meines Partners mit denen die isländische Spezi-
alität Laufabrauð dekoriert wird. Letztere durften mit aufs Foto, weil sie so hübsch sind.

Dieser Auszug aus dem kleinen gelben Backbuch (die sexistischen Untertöne über die „perfekte Hausfrau" lassen wir hier mal als historische Relikte außen vor), das sich auch in meiner Sammlung findet, verdeutlicht den Unterschied zwischen Backen und Kochen: Die chemischen Vorgänge, die aus den Zutaten ein gelungenes Gebäckstück werden lassen, erfordern oft mehr Präzision als vergleichbare Kochvorgänge. Deshalb ergibt das Befolgen von Rezepten bzw. von Mengenverhältnissen beim Backen großen Sinn, und somit ist das Backen eine Zubereitungstätigkeit, die zwar Intuition und Improvisation erlaubt, aber umfangreichere Grundkenntnisse erfordert. Ich traue mir mittlerweile zu, einen Rührteig oder ein Keksteil ohne Rezept und abgewogene Mengen zuzubereiten und in 80 % der Fälle ist das Ergebnis zufriedenstellend. Würde ich es unbedingt empfehlen? Eher nur im Notfall.

Da das Thema in seinem Gesamtumfang den Rahmen dieses Buches sprengt, möchte ich dir auf den folgenden Seiten einen Überblick über die wichtigsten Zutaten und Begriffe vermitteln, ergänzt mit ein paar schnellen Tipps und Tricks, die niemals schaden. Des Weiteren findest du im Rezeptteil folgende Grundrezepte, die du auf unterschiedliche Arten abwandeln kannst:

- Rührteig-Kuchen (Seite 219)
- Crumble, die Streusel passen auch auf den Rührteigkuchen (Seite 216)
- Saftiger Nusskuchen ohne glutenhaltiges Mehl (Seite 220)
- Veganer Biskuit als Basis für Torten und Desserts (Seite 224)
- Kekse (Seite 223)
- Hefeteig für Pizza und herzhafte Blechkuchen (Seite 206)
- Sauerteig für Pizza und herzhafte Blechkuchen (Seite 207)

Wenn du Lust hast, tiefer ins Thema einzusteigen, sind das meine persönlichen Empfehlungen:

Bücher:

- Stina Spiegelberg: *Vegan Backen von A bis Z – Das Standardwerk* (Ventil Verlag)

- Erin McKenna: *Babycakes Covers The Classics – Gluten-Free Vegan Recipes from Donuts to Snickerdoodles: A Baking Book* (Clarkson Potter), englisch

- Erin McKenna: *Bread & Butter: Gluten-Free Vegan Recipes to Fill Your Bread Basket – A Baking Book* (Clarkson Potter), englisch

Online:

- Blog und Online-Shop für Sauerteig-Starter: *www.brotschwester.com*

- Online-Workshops für Sauerteig-Bäckerei: *www.ediblealchemy.co*

- (Online-)Backkurse für vegane Patisserie: *www.woellsteins-desserthaus.de*

Mehl

Mehl ist die essenzielle Grundzutat für alles Gebackene. Die verschiedenen Mehlsorten unterscheiden sich in ihren Backeigenschaften und ihrem Geschmack. Die Mehltypen stehen für den Mineralstoffgehalt in Milligramm pro 100 Gramm Mehl. Weizenmehl Type 550 enthält somit 550 mg Mineralstoffe pro 100 g Mehl. Weizenmehl Type 405 eignet sich am besten für Gebäck, Torten und Kuchen, Weizenmehl Type 550 für Brot und Brötchen. Type 1050 ist dunkler und kräftiger im Geschmack, es wird auch gerne für Brote und Lebkuchen verwendet.

Dinkelmehl gilt als bekömmlicher, hat aber einen leicht nussigen Eigengeschmack. Weizenmehl Type 405 und Type 550 kann in Rührkuchen, Plätzchenteigen und Mürbeteigen durch Dinkelmehl Type 630 ersetzt werden. Bei der Zubereitung von Sauerteig ist es etwas komplexer, da das Gluten im Dinkel weniger Elastizität hat und Dinkel weniger Wasser bindet als Weizen, somit müssen die Knetzeit und die Wassermenge verringert werden.

Die Quelleigenschaften von Vollkornmehl sind höher als die von hellem Mehl, deshalb muss man bei reinen Vollkornteigen etwa 15 % mehr Flüssigkeit zugeben. Vollkornteig sollte außerdem nur kurz gerührt bzw. geknetet werden und eignet sich eher für herzhafte Speisen wie Pizza und Brot. Ich habe die besten Erfahrungen mit Mischteigen gemacht, die Anteile kann man variieren.

Roggenmehl kann nur mit Sauerteig gelockert werden, Hefe reicht dafür nicht aus, somit ist es für Feingebäck und Kuchen eher ungeeignet.

Neben diesen gängigen Mehlsorten gibt es natürlich mittlerweile auch unzählige glutenfreie Mehlsorten für Menschen mit Zöliakie und Getreideallergien. Glutenfreies Backen ist eine kleine Wissenschaft für sich, da das Klebereiweiß in den Getreiden (Gluten) vereinfacht gesprochen anders nachgebaut werden muss, um eine zufriedenstellende Konsistenz und guten Geschmack zu erreichen. Ich habe einen Ex-Partner, der unter Zöliakie leidet, und habe eine Weile viel glutenfrei gebacken, deshalb habe ich Erfahrung darin und empfehle die Bücher von *Erin McKenna* (siehe Literaturliste Seite 125) sowie einen gut sortierten Vorratsschrank mit verschiedensten glutenfreien Mehlsorten.

Alternativ finden sich online viele Rezepte auf Nuss-, Bohnen-, Süßkartoffel- und Kichererbsenbasis, gerade für Gebäck wie Brownies und Kekse. Auch mit den gängigen glutenfreien Mehlmischungen aus dem Supermarkt kann man zufriedenstellende Ergebnisse erzielen. Im Rezeptteil findest du zwei Basisrezepte für Kuchen und Kekse, die – unter Verwendung eines glutenfreien Backpulvers – komplett glutenfrei und gelingsicher sind (Seite 220 und 223). Mehr zum Thema Mehl findest du außerdem auf Seite 51.

Triebmittel / Lockerungsarten

Triebmittel sorgen dafür, dass Gebackenes die gewünschte lockere Textur bekommt. Hefe in frischer oder getrockneter Form sowie Sauerteig sorgen für eine sogenannte biologische Lockerung, bei der die Hefepilze und Organismen Zucker in Kohlenstoffdioxid umwandeln.

Backpulver, Hirschhornsalz, Natron und Pottasche reagieren mit Wasser, Säure und Hitze, wodurch auf der Basis chemischer Vorgänge Kohlenstoffdioxid erzeugt wird, man spricht von einer chemischen Lockerung.

Zudem ist eine physikalische Lockerung möglich: Ausgelöst durch das Austreten von im Teig enthaltenem Wasser oder Alkohol sorgt auch sie für eine gelockerte Struktur des Teiges. Diese Technik wird bei der Baiserherstellung und bei der Blätterteigtechnik angewandt.

TIPP

Wenn du kein Backpulver im Haus hast, kannst du stattdessen 5 g Natron auf 500 g Mehl in deinen Rührteig geben, wichtig ist hier aber das Zufügen von Säure, in Form von 1 Schuss Essig oder Zitronensaft, am besten zusammen mit den anderen Flüssigzutaten. Angeblich klappt als Ersatz auch hochprozentiger Alkohol, das wären dann bei einem normalen Rührteigrezept etwa 4 EL Rum, Cognac oder Ähnliches (physikalische Lockerung) – habe ich aber selbst noch nicht ausprobiert. Ich habe auch die Erfahrung gemacht, dass ganz frisch zu Hause gemahlenes Mehl eine so starke Triebwirkung hat, dass man kein Backpulver oder andere Triebmittel für ein fluffiges Ergebnis benötigt. Wenn du eine Getreidemühle hast, probier es mal aus, am besten nur ganz kurz rühren, so lange wie nötig, um gerade alle Zutaten miteinander zu verbinden.

Süßungsmittel

Zucker und flüssige Süßungsmittel wie Sirup haben unterschiedliche Aromen und eignen sich für unterschiedliche Backzubereitungen. Ich verwende am häufigsten Vollrohrzucker zum Backen, gerne etwas weniger, als im Rezept angegeben ist, reicht meistens; im Zweifelsfall einfach den Teig kosten. Für manche Zubereitungen wie Kekse (Seite 223) eignet sich flüssige Süße besser. Wenn ein Rezept Sirup verlangt, du aber nur Zucker zu Hause hast, kannst du dir auch selbst Zuckersirup herstellen, indem du Wasser und Zucker im Verhältnis 1:1 mischst und unter Rühren vorsichtig erhitzt, bis der Zucker vollständig aufgelöst ist, und darauf achtest, dass das Ganze nicht karamellisiert. Im Kapitel über Vorräte findest du noch mehr Infos zu Süßungsmitteln (Seite 53).

Öle und Fette

Fette sorgen für Geschmack, Saftigkeit und Konsistenz von Gebackenem. Für die meisten pflanzlichen Backrezepte verwende ich entweder ein neutral schmeckendes Pflanzenöl wie Sonnenblumenöl oder Rapsöl oder – wenn der Geschmack bewusst eingesetzt werden soll – auch ein mildes Olivenöl. Wichtig ist, dass es sich nicht um spezifisch kalt gepresste Öle handelt, da diese nicht so hitzebeständig sind, was sich negativ auf den Geschmack auswirkt. Lieber Öle nehmen, die als „Bratöl" deklariert, also hoch erhitzbar sind. Pflanzenmargarine und Kokosöl verwende ich nur in Maßen und dort, wo es für die gewünschte Konsistenz notwendig ist, etwa bei Weihnachtsplätzchen oder Mürbeteig. Als Fettkomponente können außerdem stark fetthaltige Nussmuse (Haselnuss, Mandel, Cashewkern) oder Tahina dienen, wie bei meinem Keksrezept (Seite 223).

(Pflanzliche) Milch

Beim Backen darauf achten, dass du ungesüßte und nicht aromatisierte Pflanzenmilch verwendest, am besten eignet sich Hafer- und Sojamilch. Wenn du keine Milch zu Hause hast, kannst du sie dir auch aus Nussmus und Wasser mit dem (Stab-)Mixer schnell selbst herstellen; dafür 1–2 EL Nussmus (Mandel, Cashew, Haselnuss) mit 500 ml warmem Wasser vermixen. Auf Seite 209 gibt's eine schnelle Anleitung für selbst gemachte Kokosmilch, auch die kann zum Backen verwendet werden. Eine befreundete Köchin schwört allerdings darauf, die besten Ergebnisse mit Sojamilch zu erzielen, speziell bei süßen Hefeteigen. Gerade bei Rührteigen habe ich bisher nicht wirklich einen Unterschied gemerkt und manche sogar schon nur mit Wasser gebacken, und es war trotzdem lecker.

Ei-Ersatz

Leider gibt es nicht diese eine Zutat, die in allen klassischen Rezepten 1:1 das Ei ersetzen kann. Vielmehr erzielen verschiedene Zutaten verschiedene Eigenschaften beim fertigen Gebäck. So sorgen Apfelmus, Polenta, Kichererbsenmehl und Grieß für Saftigkeit; Tofu, Bananen, geschrotete Leinsamen und Flohsamenschalen für

Bindung. Da ich Wert auf Regionalität lege, verwende ich am häufigsten Apfelmus und Leinsamenschrot. Manche Rezepte benötigen auch einfach gar keinen Ei-Ersatz wie beispielsweise Strudel oder Hefegebäck. Für tiefergehendes Wissen empfehle ich hier gerne noch mal das in den Büchertipps (Seite 125) genannte Standardwerk von *Stina Spiegelberg*.

Schokolade und Kuvertüre

Zum Glück war ich schon ein Fan von Zartbitterschokolade, bevor ich vegan wurde. Bis auf Ausnahmefälle enthält sie keine Milchprodukte, aber wenn dir dunkle Schokolade für Überzüge, Füllungen und als Stückchen zu herb ist, findest du mittlerweile auch schon leckere rein pflanzliche Milchschokolade aus Soja-, Kokos- oder Reismilchbasis in gut sortierten Supermärkten.

Kuvertüre hat einen höheren Kakaobutteranteil als Schokolade, dadurch hat sie einen stärkeren Glanz und eine flüssigere Konsistenz. Zum Überziehen von Kuchen und Plätzchen verwende ich am liebsten hochwertige Bio-Kuvertüre, für Desserts wie das Schokomousse (Seite 227) greife ich zu feinster Zartbitterschokolade, es funktioniert aber auch beides vice versa für den Hausgebrauch.

Kakaohaltige Fettglasur und Blockschokolade sind kostengünstige Alternativen, aber bei der Schokolade zu sparen ist meines Erachtens am falschen Ende gespart, nicht nur bezüglich des Ergebnisses, sondern ebenfalls um eine faire, nachhaltige Lieferkette der Rohstoffe für alle Beteiligten zu gewährleisten. Schokolade ist sehr hitzeempfindlich, in der Patisserie wird sie „temperiert", um ein auch visuell und geschmacklich optimales Ergebnis zu erzielen – Knack und Glanz.

Für den Hausgebrauch empfehle ich folgende einfachen Regeln:

- Schokolade vor dem Schmelzen fein hacken oder Schokotropfen verwenden, in kleinen Stücken schmilzt Schokolade gleichmäßiger und schneller.

- Immer im Wasserbad mit wenig Wasser schmelzen.

- Die zum Schmelzen benutzte Schüssel soll das Wasserbad nicht berühren.

- Auf niedriger Temperatur schmelzen. Wenn du merkst, dass die Schokolade zu heiß und „grieselig" wird, sofort vom Herd nehmen. Oft genügt noch die Restwärme des Wassers.

- Darauf achten, dass kein Wasser in die Schokolade gelangt. Passiert das doch, hilft oft **Trick 17**: Einfach kräftig mit einem Schneebesen verrühren. Die Konsistenz kann sich dadurch verdicken, und vielleicht ist die Schokolade dann nicht mehr als dünne Glasur geeignet, aber verbacken, in Desserts einarbeiten oder pur aufessen lässt sie sich auf jeden Fall noch!

Gewürze und Aromen

Zimt, Nelken, Orangenabrieb oder gemahlene Vanille – was wären Backwerke ohne köstliche Geschmackszutaten wie diese? Um den Geschmack in Kuchen, Torte und Keks zu bekommen, gibt es eine logische Grundregel: Trockenes zu Trockenem, Feuchtes zu Feuchtem. Sprich, gemahlene Gewürze, Kakao und Co. lassen sich optimal im Teig verteilen wenn man sie mit Trockenzutaten wie Mehl vermischt. Feuchte Zutaten wie frischer Orangenabrieb, Alkohol oder Aromaöle lassen sich zusammen mit anderen Flüssigzutaten vermengt unterrühren. Überlege, was Sinn ergibt. Beispiel: Bei einem Zitronenkuchen gebe ich Abrieb mit den feuchten Zutaten in den Teig, nach dem Backen bestreiche ich den Kuchen mit Zitronensaft, den ich davor mit etwas Zucker erhitzt habe (damit sich der Zucker auflöst). So kann man sich vieles selbst herleiten. Mehr zum Thema Gewürze erfährst du ab Seite 134.

Teigarten

Diese 6 Teigarten sind die in meiner und den meisten Küchen geläufigsten:

- **Rührteig:** Schnell und gelingsicher für alle Kuchenformen, Blechkuchen und Muffins (Seite 219).

- **Biskuitteig:** Einfach und schnell. Biskuit dient als Basis für Torten und Obstkuchen (Seite 224).

- **Mürbeteig:** Unkompliziert, muss ruhen, Verarbeitung danach zu Plätzchen, Quiches und Tartes. Meine Spezialvariante beruht auf der Basis von Semmelbröseln statt Mehl, ein Rezept aus meinem Buch *Zero Waste Küche*.

- **Hefeteig:** Braucht Zeit zu gehen und ist temperaturempfindlich, aber nicht super kompliziert. Gut für süße und herzhafte Gebäckstücke, Blechkuchen und natürlich Pizza (Seite 206).

- **Strudelteig:** Die Zubereitung ist simpel, die Verarbeitung erfordert etwas Übung, aber man hat den Dreh schnell raus. Lohnt sich für leckere süße und herzhafte gefüllte Strudel zur optimalen Resteverwertung von „müdem" Obst oder Gemüse oder wenn große Mengen dringend verarbeitet werden müssen (Äpfel, Kohl).

- **Sauerteig:** Zeitintensive Zubereitung, die ein wenig Erfahrung erfordert, aber sich mit etwas Übung gut in Alltagsabläufe einbinden lässt und vielseitig anwendbar ist, natürlich für Brote, aber ebenso für süße Gebäckstücke und natürlich Pizza (Seite 207).

Garprobe

Auch wenn Rezepte Angaben über die Länge der Backzeit enthalten, kann diese je nach Beschaffenheit und Leistung des Ofens und je nach Backform variieren. Geübte Bäcker*innen entwickeln einen Blick dafür, wann ihre Kuchen durchgebacken sind, manche arbeiten sogar nach Gehör, aber auf Nummer sicher gehst du mit dem Stäbchentest, bei dem du mit einem hölzernen Schaschlikstäbchen oder einem Metallstab in die Mitte des Kuchens pikst. Bleibt roher Teig hängen, muss weiter gebacken werden, bis nichts mehr kleben bleibt. Meine Mama verwendet eine speziell für diesen Zweck in der Küche aufbewahrte Stricknadel.

Tipps, Tricks und Backweisheiten

- Den Backofen während des Backvorgangs nur öffnen, wenn es dringend notwendig ist, Temperaturschwankungen beeinträchtigen das Ergebnis.

- Plätzchen nie auf ein heißes Backblech geben, sonst zerlaufen sie.

- Alle Kekse mit gleicher Größe auf einem Blech backen, sonst verbrennen die kleinen, während die großen fertig backen.

- Lieber zwei Bleche verwenden, als Kekse zu nah aneinandersetzen, sonst backen sie zusammen.

- Statt Backpapier: Silikonmatten lassen sich wiederverwenden und sind somit umweltfreundlicher.

- Moderne Backbleche haben zudem eine spezielle Beschichtung, sodass man weder Backpapier noch Silikonmatte benötigt.

- Statt Backpapier kann man das Backblech auch mit Margarine einfetten.

- Zum Einfetten von Blechen und Formen Margarine statt Öl verwenden, die haftet besser flächig und das fertig Gebackene lässt sich leichter lösen.

- Je höher das Gebäck, desto niedriger die Backtemperatur.

- Je niedriger das Gebäck, desto höher die Backtemperatur.

- Statt Teig zur Kühlung in Frischhaltefolie zu wickeln, kann man ihn auch einfach in eine Vorratsdose geben.

- Statt eine Schüssel mit Hefeteig mit Frischhaltefolie abzudecken, kann man ein angefeuchtetes Küchentuch benutzen, dieses verhindert eine Krustenbildung an der Oberfläche durch Austrocknung.

- Die Zuckermenge in der Zutatenliste zu reduzieren geht eigentlich fast immer.

- Hefeteig: Erst die anderen Zutaten verrühren, dann (falls das Rezept es erfordert) das Fett dazu.

- Mit Reis statt mit Hülsenfrüchten blindbacken sorgt für ein gleichmäßigeres Ergebnis.

- Trockenes Gebäck wird mit Saft oder Alkohol getränkt wieder saftig und kann zu Schichtdessert verarbeitet werden.

- Reste vom Hefeteig zu herzhaft gefüllten Knoten oder schnellen Zimtschnecken verarbeiten.

- Beim Überziehen und Tunken mit Schokolade bzw. Kuvertüre: Für bessere Ergebnisse lieber eine größere Menge verwenden und auf einem Gitter über einer Silikonmatte abtropfen lassen. Den aufgefangenen Rest auf der Silikonmatte hart werden lassen (zusammen mit dem im Wasserbad erwärmten Rest aus der Schüssel), in einem Glas lagern und für weitere Glasuren oder zum Verbacken in Kuchen und Keksen wiederverwerten.

To-bake-Liste

Was ich schon immer mal backen wollte und noch nie gemacht habe:

→ Vegane Schwarzwälder Kirschtorte
→ Vegane Croissants auf Sauerteig-Basis
→ Macarons auf Aquafaba-Basis
→ ...

Die Grundlagen des Würzens

Erscheint dir das Würzen von Speisen wie ein Buch mit sieben Siegeln, von dessen Lektüre du dich komplett überfordert fühlst? Wenn ja, hilft auch hier – wie in allen anderen Bereichen des Kochens – nur eines: anfangen und ein Siegel nach dem anderen von diesem dicken Buch runterfummeln, bis du es problemlos aufschlagen und dich darin zu Hause fühlen kannst wie in deiner Westentasche. Okay, das waren jetzt ziemlich viele Metaphern auf einmal, aber du weißt, worauf ich hinauswill: „Lass uns einfach loswürzen!"

Doch bevor ich darüber spreche, was wozu passt, erst mal ein ganz wichtiger Grundsatz: Weniger ist oft mehr. Hochwertige, frische Bio-Lebensmittel haben häufig von sich aus schon einen so tollen Geschmack, dass eine Prise Salz oder ein Schuss Olivenöl völlig ausreichen, um diesen zu unterstreichen. Bevor du dich auf wilde Würzabenteuer begibst, empfehle ich immer einzelne Komponenten pur zu probieren, denn so schulst du deine Geschmacksnerven. Und zwar indem du ein Gefühl dafür entwickelst, welche Geschmacksnoten ein Lebensmittel „nackt" mitbringt und welche hinzugefügt werden sollten, um damit aufregende Akzente zu setzen und den natürlichen Geschmack zu unterstreichen.

Die fünf bekannten Geschmacksrichtungen sind: süß, sauer, salzig, bitter und umami. Damit ein Gericht geschmacklich optimal ausbalanciert ist, sollten alle fünf berücksichtigt werden. Je mehr Routine man beim Würzen entwickelt, desto automatischer erledigt man das, ohne drüber nachdenken zu müssen. Bis man es völlig verinnerlicht hat, kann die Eselsbrücke unserer fünf Finger (oder Zehen) dabei helfen, sich an alle zu erinnern. Wissenschaftler*innen sind sich aktuell noch uneinig, ob fettig als sechste Geschmacksrichtung zu betrachten sei, auf jeden Fall ist Fett bei der Essenszubereitung ein unerlässlicher Geschmacksträger. Scharf ist keine Geschmacksrichtung, sondern ein durch Reizung bzw. Betäubung der Schleimhäute ausgelöster Sinneseindruck.

Natürlich gibt es auch Lebensmittel, die zwei Geschmacksrichtungen und mehr abdecken, Äpfel z. B. sind meistens süß und sauer, das ist also kein Widerspruch.

FOTO VORHERIGE DOPPELSEITE

eine Auswahl von Gewürzen, Kräutern und Geschmackszutaten (im Uhrzeigersinn v. l. o.): Piment, Kurkuma, Paprikapulver, Cayennepfeffer, Muskatnüsse, Zitronen, Salbei, Lorbeerblätter, Räuchersalz, helle Shiro-Misopaste aus Reis, Pfefferkörner, Oregano, Ketchup, Olivenöl, scharfer Senf, Fleur de Sel, Gewürznelken, Sternanis, Zimtstangen

Bevor ich auf die einzelnen Geschmacksrichtungen, Gewürze, Kräuter und Würzzutaten eingehe, im Folgenden noch einige schnelle Grundsätze:

- Das Geheimnis perfekten Geschmacks ist häufiges Probieren und Abschmecken während der gesamten Zubereitung. Das wird dir jede gute Köchin bestätigen.

- Manche Salzsorten sind „salziger", manche Knoblauchzehen „schärfer" als andere, Chilischoten können im Schärfegrad enorm variieren: Deshalb ist es sinnvoll, sich immer langsam vorzuarbeiten, denn es ist einfacher, mehr von etwas dazuzugeben, als später ein Zuviel geschmacklich ausgleichen zu müssen.

- Man kann Gerichte auch überwürzen, deshalb sollte man sich wirklich immer langsam vorarbeiten.

- Der Geschmack eines Gerichts wird durch Faktoren wie Hitze und Kälte beeinflusst, deshalb bei Esstemperatur abschmecken: Sprich, beispielsweise einen Löffel heiße Suppe erst abkühlen lassen, bevor probiert und nachgewürzt wird. Oder eine Komponente aus dem Kühlschrank erst auf Zimmertemperatur bringen, bevor du sie abschmeckst.

- Kreativer und gesünder werden Gerichte, wenn du statt mit Zucker und Salz mit süßen und salzigen Zutaten würzt. Wenn du z. B. getrocknete Tomaten in ein Gericht gibst (salzig/umami), musst du evtl. gar nicht oder nur ein wenig nachsalzen, deshalb immer wieder probieren.

- Vertraue deinem Bauchgefühl; wenn dir die Mengenangabe eines Gewürzes in einem Rezept komisch vorkommt, trau dich, sie abzuändern. Es könnte sich um einen Druckfehler handeln*.

- Wenn du das Gefühl hast, dass irgendwie noch etwas fehlt, um den Geschmack abzurunden, ist es fast immer entweder eine Prise Salz, ein Schuss Säure oder ein kleines bisschen Süße.

- Gerade in Bezug auf die pflanzliche Küche gilt: Nicht die tierische Zutat macht den Geschmack, sondern die Würze: Bolognesesauce (Seite 197) schmeckt deshalb köstlich, weil sie die Röstaromen von Wurzelgemüse, Kräuter, Tomaten, Knoblauch und evtl. einen Schuss Wein enthält. Vegane Bratensauce (Seite 213) aus Gemüse schmeckt deshalb köstlich, weil Röstaromen und Gewürze zum Einsatz kommen.

---

*In mein erstes Buch „Sophias vegane Welt" hatte sich ein verheerender Druckfehler eingeschlichen, der 4 EL Salz in einem Brotrezept einforderte. Bis die zweite Auflage gedruckt wurde (zum Glück), bekam ich regelmäßig Leser*innen-Mails zu versalzenen Broterrgebnissen, nie werde ich diese eine vergessen: „Ich habe es schon viermal gebacken, und es ist jedes Mal zu salzig" ... so viel zum Thema „Rezepte religiös befolgen".

Wenn du tiefer in das Thema Würzen einsteigen möchtest, empfehle ich dir ein Buch, das als die Bibel der Geschmäcker gilt: Niki Segnit: *Der Geschmacksthesaurus – Rezepte, Ideen und Kombinationen für die kreative Küche* (Piper Taschenbuch).

Süß

Süß und herzhaft ergänzt sich gut, man sollte nur nicht übertreiben. Sprich eine Prise Salz in den Cookieteig, aber keinen ganzen Esslöffel, oder ein paar getrocknete Fruchtwürfel in den Salat, aber keine ganze Packung. In vielen Kulturen wird zu herzhaften Gerichten eine süße Komponente gericht, ob eingekochte Preiselbeeren zum Schnitzel oder Mango-Chutney zum indischen Reisgericht. Ich liebe es, süß und herzhaft in reichhaltigen, bunten Salaten zu kombinieren (Seite 169). Die natürlichste und gesündeste Art, einem Gericht Süße hinzuzufügen, ist mithilfe von Früchten: Ob frisch als sichtbare Komponente in Schnitzen, Würfeln oder Filets (Apfel, Birne, Melone, Pfirsich, Aprikose, Zitrusfrüchte), als ganze Früchte oder Kerne (Traube, Granatapfel), als getrocknete Variante, z. B. Rosinen, Feigen, Datteln (Trockenfrüchte vor dem Verarbeiten mindestens 10 Minuten in warmem Wasser einweichen und ggf. klein schneiden). Oder auch verarbeitet als Apfeldicksaft. Alternativ schätze ich Ahornsirup und Agavendicksaft oder einfach eine Prise Vollrohrzucker. Man kann sich aber auch die natürliche Süße von Gemüsen zunutze machen, etwa indem man Zwiebeln bei schwacher Hitze langsam karamellisieren lässt oder die natürliche Süße von Karotten hervorhebt. Süße Aromen geben einem Gericht mehr Tiefe.

Salzig

Zu viel Salz ist nicht gesund, aber zu wenig Salz ist fad, außerdem ist Salz, in Maßen, verantwortlich für wichtige Stoffwechselvorgänge im Körper. Deshalb gilt es, die richtige Balance zu finden. Meine goldene Salz-Regel lautet, dass ich alle Speisen, bei denen es nicht für den Zubereitungsvorgang nötig ist zu salzen (Nudelwasser, Kartoffelwasser etc.), erst am Ende der Zubereitung mit Salz abschmecke. Denn wenn ich alle anderen Gewürze, Kräuter und Geschmackszutaten schon vorher beigefügt habe, brauche ich oft nur noch erstaunlich wenig Salz, manchmal lediglich eine winzige Prise oder – wenn ich salzige Würzzutaten wie Kapern, Sojasauce, Misopaste, Gemüsebrühe verwende – sogar gar kein extra Salz.

Salz spielt zudem eine wichtige Rolle bei der Fermentation von Lebensmitteln, einer gesunden Methode der Haltbarmachung (Seite 150), und Salz hilft, Lebensmittel bekömmlicher zuzubereiten (siehe Gemüsemassage, Seite 110).

Manche Salzsorten salzen intensiver als andere, Meersalz etwa; es lohnt sich also, auch bei neu gekauften Salzen einfach mal pur eine Fingerspitze zu kosten. Aromatisierte Salze sind eine tolle Würzmöglichkeit, egal ob gekaufte oder selbst gemachte Varianten: Ich habe immer gekauftes Räuchersalz und Kala-Namak-Salz zu Hause, beides findest du in gut sortieren Bioläden. Kala-Namak-Salz eignet sich durch seinen intensiven Schwefelgeschmack in kleinen Dosen, um Gerichte nach Ei schmecken zu lassen. Räuchersalz fällt in die Rubrik Röstaromen, mehr dazu auf Seite 140. Super selber herstellen kann man Kräutersalz und mit Zitrusfrüchteabrieb verfeinertes Salz, beides eignet sich besonders gut als Topping für belegte Brote, Salate, Gemüse-Carpaccio, Zitrusfrüchtesalz auch als feine Geschmacksabrundung für Süßspeisen und Desserts.

Großartige, gesunde Salzalternativen sind feine Algenflocken, die leicht fischig und salzig schmecken und zudem sehr gesund sind, sowie Gomasio, eine Würzmischung aus geröstetem Sesam und etwas Salz, die in der japanischen und koreanischen Küche zu finden ist. Gomasio kann man einfach und schnell selbst herstellen: 15 TL Sesamkörner für 5 Minuten in Wasser einweichen, abseihen und in einer Pfanne unter ständigem Rühren rösten, bis sie bräunen und „hüpfen", dann mit 1 TL Salz im Mörser grob zerkleinern. Hält in einem Glas gelagert einige Monate frisch. Ich mische Gomasio direkt mit ein paar Algenflocken – doppelt lecker und gesund.

Sauer

Wusstest du, dass die Geschmacksempfindung „sauer" eine Reaktion auf Zitronensäure ist, besonders hoch konzentriert in unreifen Früchten? Sollte sie uns ursprünglich vor ungenießbarer Nahrung warnen, haben wir im Laufe der Evolution „gelernt", dass eine leichte Säuerlichkeit durchaus von Wert ist. Fast alle Früchte haben auch im reifen Zustand einen gewissen Säureanteil, die Menge macht den Unterschied. Neben den bekanntesten Säurelieferanten Essig und Zitrusfrüchten können also auch folgende Lebensmittel als saure Komponenten eingesetzt werden: Ananas, Aronia-, Johannis-, Stachelbeeren und Rhabarber, aber auch eingelegtes und fermentiertes Gemüse z. B. Sauerkraut, Kapern (sauer/salzig) sowie „sauer" schmeckende Kräuter wie Sauerampfer, Zitronenmelisse und Zitronengras. Egal ob in Salaten, in Dressings und Saucen oder einfach als Topping über gebratenes, gekochtes oder gewoktes Gemüse liefern diese Kräuter eine tolle, frische Säurekomponente. Zum Abschmecken von Suppen, Saucen und Eintöpfen verwende ich meistens Essig, da er, im Gegensatz zu Zitrusfrüchten, regional bezogen werden kann; außer ich möchte das spezifische Zitrusaroma als Teil des Gerichts.

Bitter

Auch die in Pflanzen steckenden Bitterstoffe sollen uns vor deren Ungenießbarkeit oder gar Giftigkeit bewahren. Als evolutionär weiterentwickelte Menschen wissen wir aber mittlerweile, dass Bitterstoffe unserer Gesundheit sogar zuträglich sind.

Vorsichtig dosiert kann man mit ihnen durch den Einsatz bestimmter Würzzutaten den Geschmack eines Gerichts abrunden. Sei es mit Salaten wie Chicorée, Endivien, Rucola, Löwenzahn, Zuckerhut oder Radicchio oder mit Kräutern wie Thymian, Majoran, Petersilie, Koriander, Pfefferminze. Sei es mit Mandeln, Walnüssen, Cranberrys. Oder durch den Einsatz von Ölen, die eine Bitternote besitzen, wie Leinöl oder kalt gepresstes Rapsöl. Folgende Lebensmittel enthalten zudem Bitterstoffe: Artischocke, Brokkoli, Gänseblümchen, Ingwer, Kaffee, Zartbitterschokolade und Kakaobohnen. Süß und bitter ist eine köstliche Geschmackskombination, deshalb passt zum Kaffee auch immer ein Stück Kuchen oder Gebäck.

Umami

Diese Geschmacksrichtung wurde erst zu Beginn des 20. Jahrhundert entdeckt und beschreibt den Geschmack „herzhaft/wohlschmeckend". Umami gibt dem Essen eine besondere Tiefe und Vollmundigkeit und passt deshalb besonders gut in herzhafte, deftige Gerichte. Fehlt einem Gericht noch das gewisse Etwas, kann dies oft mithilfe einer Umami-Zutat erreicht werden. Ist das Umami-Aroma in einem Gericht zu stark, kannst du dies ausgleichen, indem du andere Geschmacksrichtungen verstärkst. In der pflanzlichen Küche gibt es unzählige Umami-Zutaten: z. B. Hefeflocken, Misopaste, Sojasauce, Algenflocken, getrocknete Tomaten, frische und getrocknete Pilze. Speziell in getrockneten Tomaten und Pilzen (Steinpilz oder Shiitake) ist der herzhafte Geschmack besonders konzentriert. Einige dieser Lebensmittel wie Sojasauce und Misopaste sind zudem salzig, hier ist es bei der Verwendung oft also nicht nötig, zusätzlich zu salzen, und wenn, dann nur in geringer Menge.

Röstaromen

Röstaromen und umami gehen Hand in Hand. Wie der Name schon sagt, werden sie einerseits durch das Rösten und Räuchern von Lebensmitteln erzeugt, können aber auch durch die Beigabe von Gewürzen/Zutaten erfolgen, die mit Röst- und Räucheraromen angereichert wurden, z. B. Räuchersalz, geräuchertes Paprikapulver, geräucherte Pfefferkörner, Räuchertofu, Barbecuesauce, Flüssigrauch (als „Liquid Smoke" in gut sortierten Lebensmittelgeschäften erhältlich). Der Unterschied zwischen echten und synthetischen Räucheraromen liegt lediglich im Geschmack: Raucharoma, das für Tofu, Barbecuesauce und Co. verwendet wird, schmeckt einfach oft künstlicher als richtig über Hölzern geräucherte Lebensmittel. Aber in Maßen verwende auch ich gerne mal ein paar Tropfen Liquid Smoke; man sollte nur aufpassen, dass man diese Geschmäcker nicht überdosiert, sonst ist man schnell damit übersättigt. Mein Favorit: Shoyu-Sojasauce mit leichtem Räuchergeschmack; ein paar Tropfen verleihen jeder herzhaften Sauce den perfekten Umami-Kick.

Kräuter

Ob ich frische oder getrocknete Kräuter verwende, hängt für mich davon ab, wofür ich sie benötige und ob sie saisonal verfügbar sind. Zwar bekommt man frische Gewächshauskräuter das ganze Jahr über, doch ich beziehe sie am liebsten, wenn sie regional Freilandsaison haben. Während der restlichen Zeit des Jahres verarbeite ich getrocknete bzw. tiefgefrorene Kräuter. Zudem habe ich immer ein paar Kräuterpflanzen auf der Terrasse: Rosmarin, Salbei, Minze, Oregano (winterfest) und im Sommer Dill, Basilikum, Zitronenverbene, Koriander.

Grundsätzlich gilt: Harte Kräuter wie Rosmarin, Thymian, Oregano, Salbei werden mitgekocht, weiche wie Petersilie, Dill, Basilikum, Koriander, Liebstöckel etc. werden am Ende der Zubereitung dazugegeben. Wie das Adjektiv schon sagt, sind harte Kräuter fester und roh bzw. kurz gekocht unangenehm zu kauen, deshalb sollten sie entweder lange genug weich kochen, getrocknet vor der Verarbeitung im Mörser zerkleinert oder frisch fein gehackt werden. Bei frischen weichen Kräutern ermutige ich dich, sie nicht sparsam, sondern mit vollen Händen einzusetzen, weil sie Gerichten herrliche Frische und Geschmacksexplosionen bescheren. Ob im Salat(dressing), auf Suppen, Eintöpfen, Gemüsegerichten, in Saucen und Dips – das perfekte Finish! Für Fortgeschrittene empfehle ich, Wildkräuter zu sammeln: Selbst als Anfänger*in wirst du schnell fündig. Was ich oft sammle: Rucola (wilde Rauke), Sauerampfer, Bärlauch, Löwenzahn, Gänseblümchen, junge Brennnessel, Klee, Melde.

Gewürze

Getrocknete Gewürze, die nicht hierzulande wachsen, waren mal so teuer, dass sie mit Gold aufgewogen wurden. Mittlerweile gammeln sie in unseren Küchenschubladen vor sich hin, weil sie aufgrund schnellerer Transportwege, aber auch postkolonialer, ausbeuterischer Strukturen für uns zu lächerlich niedrigen Preisen zu haben sind, die kaum im Verhältnis zu dem Aufwand stehen, mit dem sie gewonnen werden. Deswegen sollten wir ihnen und den Menschen, die sie für uns anbauen, eine höhere Wertschätzung entgegenbringen, bei ihrem Kauf auf fairen Handel achten und sie gezielt und gänzlich aufbrauchen. Gewürze werden nicht „schlecht", sie verlieren nur über die Zeit an Geschmack, deshalb sollte man sie dunkel und trocken lagern, also in einem Vorratsschrank oder einem dunklen Glas. Gemahlene Gewürze verlieren schneller ihr Aroma, im Ganzen halten sie länger. Bei längerer Kochzeit können Gewürze im Ganzen mitgekocht werden (wie bei der Bratensauce, Seite 213), bei kurzer Kochzeit sollten sie vorher im Mörser oder der Mühle zerkleinert werden. Wenn man sie im Ganzen vor der Weiterverarbeitung einige Minuten ohne Fett in der Pfanne anröstet, bis sie zu duften beginnen, entfalten sie noch mehr Aroma. Natürlich kannst du auch gemahlene Gewürze bzw. Gewürzmischungen in der Pfanne anrösten, sie brennen in Pulverform aber viel schneller an; also dabei bleiben, schwach erhitzen und nur ganz kurz anrösten, bevor du weitere Zutaten bzw. Flüssigkeit dazugibst. Diese Gewürze habe ich immer zu Hause: Kreuzkümmel, Koriander, Zimt(pulver und -stangen), Vanilleschoten, Chilischoten, Cayennepfeffer (gemahlene Chilischoten), Muskatnuss (ganz), (verschiedene) Pfefferkörner (ganz in der Mühle), (geräuchertes) Paprikapulver, Kümmel, Lorbeerblätter, Kardamom, Gewürznelken, Piment, Fenchelsamen. Ergänzend ein paar Gewürzmischungen z. B. Brathähnchen- oder Hackfleischgewürz, weil die auch supergut für herzhafte pflanzliche Gerichte sind, und Gewürzmischungen für indisch inspirierte Gerichte wie Currypulver oder Garam Masala.

Pfeffer und scharfe Zutaten

Scharf ist keine „offizielle" Geschmacksrichtung, aber eine wichtige Komponente in vielen Kochkulturen, und so gibt es vielfältige Zutaten, die Essen schärfer machen, die bekannteste ist Pfeffer. Ich liebe es, verschiedene Pfeffersorten zu entdecken, rate aber vom inflationären Pfeffergebrauch ab. Viele Köch*innen ballern auf jedes einzelne Gericht Pfeffer, der viele andere Aromen überdeckt. Lieber Pfeffer (immer frisch) gemahlen nur punktuell einsetzen und erst mal ohne Pfeffer probieren, ob er überhaupt vonnöten ist. Zutaten, die (mehr und weniger) Schärfe ins Essen bringen: Peperoni, Chilischote, Meerrettich, Ingwer, Zwiebeln, Schnittlauch, Frühlingszwiebeln, Bärlauch, scharfer Senf. Auch hier gilt: langsam vorarbeiten und lieber noch mal nachlegen; gerade bei Meerrettich, Knoblauch und Ingwer intensiviert sich der Geschmack oft, wenn ein Gericht länger durchgezogen ist, z. B. bei Aufstrichen, Dressings, Suppen. Wer gleich Vollgas gibt, kann scharfe Überraschungen erleben.

Würzsaucen und -pasten

Alles dazu, welche ich immer zu Hause habe und wofür ich sie verwende, findest du auf Seite 53.

Öle und Fette

Fett ist ein Geschmacksträger, die meisten Aroma- und Geschmacksstoffe sind fettlöslich, deshalb muss ein bisschen Fett in jedes wohlschmeckende Gericht, aber die Dosierung und die Art des verwendeten Fettes macht den Unterschied zwischen ungesund und gesund. Wenn ich beispielsweise eine Komponente habe, die in der Pfanne gebacken oder frittiert wird, versuche ich die Beilagen möglichst frisch, knackig und fettarm zu gestalten, um das gesamte Gericht auszubalancieren. In einem Salatdressing kann die Fettkomponente außer durch Öl durch Verwendung eines Nussmuses oder Tahina beigesteuert werden (Seite 186), genauso in einem Keksrezept (Seite 223). Wenn ich mittags etwas besonders Fettiges esse, gibt es abends etwas weniger Fettes. Fett kommt bei der Zubereitung von herzhaften Speisen meistens bereits am Anfang zum Einsatz, wenn etwas (in der Pfanne oder im Ofen) gebraten, geröstet oder gewokt wird. Beim Kochen, Dünsten oder bei rohen Zubereitungen wird die Fettkomponente meist in Form eines Dressings oder einer Sauce dazugereicht. Bei der Zubereitung von Suppen und Eintöpfen wird entweder zu Beginn etwas in Fett angebraten und dann aufgegossen oder während des Kochvorgangs mit etwas Fett abgeschmeckt. Mehr dazu, welche Öle und Fette ich immer zu Hause habe und wofür ich sie verwende, findest du auf Seite 52.

Haltbarmachung

Die Menschen entwickelten Methoden zur Konservierung und Haltbarmachung von Lebensmitteln aus der Notwendigkeit, lange Winter und andere Versorgungsengpässe überleben zu können. Bis ins 20. Jahrhundert war es auch hierzulande gang und gäbe, selbst Konservenvorräte für den Winter anzulegen. In Deutschland leben die meisten heute in einer Umgebung, in der sie unabhängig von Jahres- und Tageszeit auf alle nur erdenklichen frischen Lebensmittel zurückgreifen können. Haltbarmachung, z. B. Marmeladenherstellung, ist da für viele Menschen mehr ein Hobby als eine Notwendigkeit.

Anders sieht es höchstens bei denen aus, die Lebensmittel selbst anbauen und die Ernte direkt weiterverarbeiten. Doch im Zuge der Rückbesinnung auf den Gedanken der Wertschätzung von Lebensmitteln und der Bewusstmachung der Problematik der Lebensmittelverschwendung erleben Haltbarmachungsmethoden mittlerweile ein Revival. Und zwar die Methoden, die uns im Privathaushalt helfen können, unseren Überkonsum vor der Mülltonne zu bewahren oder regional-saisonale Produkte für den Winter haltbar zu machen. Das sind auch die, die ich selbst am häufigsten einsetze und dir hier vermitteln möchte. Es gibt viele Haltbarmachungsmethoden, die ich selbst kaum anwende und über die ich somit keine große Expertise habe, wie etwa Marmeladeeinkochen, da ich hier – selbst mit 40 – immer noch von Mama versorgt werde oder von lokalen Anbieter*innen zukaufe. Am meisten wende ich schnelle Haltbarmachungsmethoden an, die gleichzeitig zum Thema Meal Prep passen, weil mir die Resultate in Kühl- und Vorratsschrank als Bausteine für abwechslungsreiche, leckere und gesunde Alltagsgerichte dienen. Diese schnell konservierten Produkte verfügen über eine Haltbarkeit von einigen Tagen bis zu mehreren Monaten. Was lässt sich haltbar machen? Ich würde behaupten, fast alle pflanzlichen Lebensmittel außer Sprossen.

Folgende Methoden der Haltbarmachung sind meine Favoriten:

FOTO VORHERIGE DOPPELSEITE

Beispiele für Lebensmittelhaltbarmachung (im Uhrzeigersinn v. l. o.): getrocknete Kohlchips, getrocknete Apfelringe, fermentierte Bete, getrockneter Maisbart (Maiskolbenfäden), getrocknete Chilischoten, getrocknetes Selleriegrün, getrocknete Kräuterblüten, Pesto, Sauerkraut, Kimchi, getrocknetes Brot, getrockneter Salbei, Salzzitronen

Pürieren

Diese Konsistenzveränderung dient zur kurzfristigen Haltbarmachung. Matschige Beeren halten als Beerenpüree im Kühlschrank einige Tage und können für Smoothies, Desserts, Porridge und Müsli verwendet werden. „Müde" Kräuter und Salate (Rucola, Grünkohl, Basilikum, Petersilie) können mit reichlich Öl, Knoblauch und Gewürzen zu Pesto und Saucen püriert werden und halten sich so gekühlt locker 1 Woche.

Mit Öl haltbar machen

Das Einlegen von Lebensmitteln in Öl gehört zu den ältesten Konservierungsmethoden und ist vor allem in der mediterranen Küche immer noch stark verbreitet (Pesto, Antipasti, Oliven etc.). Das Öl schützt die Lebensmittel vor Mikroorganismen, indem es sie luftdicht umschließt. Durch vorheriges Kochen, Braten bzw. Trocknen der Lebensmittel sind sie noch länger haltbar. Wichtig ist, dass die verwendeten Glasbehälter vor dem Befüllen steril sind (siehe Infokasten Seite 151). Um Luftblasen zu vermeiden, befüllt man das Glas abwechselnd mit Lebensmitteln und Öl und stellt sicher, dass alles komplett mit Öl bedeckt ist. Gut verschlossen und an einem kühlen, dunklen Ort gelagert hält das Ganze ungeöffnet ca. 3–4 Monate. Nach dem Öffnen im Kühlschrank lagern. Lebensmittel, die ich mit Öl haltbar mache: Pesto aus „müden" Kräutern und Gemüse-Antipasti, z. B. aus Zucchini. Beides bedecke ich mit einer großzügigen Ölschicht, lagere es im Kühlschrank und verbrauche es innerhalb von 2–3 Wochen. Und natürlich benutze ich zur Entnahme immer sauberes Besteck, um Schimmel vorzubeugen.

Mit Salz haltbar machen

Neben dem Einlegen in Öl und dem Trocknen ist Einsalzen die älteste Methode der Konservierung. Der Salzgehalt im Lebensmittel macht Mikroorganismen unschädlich. Beim Lufttrocknen wird häufig Salz zur Unterstützung der Haltbarkeit verwendet. Aufgrund des sehr spezifischen Geschmacks und wohlschmeckenderer Alternativen werden eingesalzene Lebensmittel wie etwa Stockfisch heute meist nur noch aus traditionellen Gründen verspeist und vor der Weiterverwendung lange eingeweicht, um den Salzgeschmack „auszuwaschen". Die in Vietnam und dem Mittleren Osten verbreiteten Salzzitronen dienen als Geschmackszutat in Salaten, Schmor- und Getreidegerichten. Bei einigen Fermentationsarten spielt Salz als Auslöser für die Vergärung zudem eine tragende Rolle, wie etwa bei der Herstellung von Sauerkraut (Seite 104).

Mit Zucker haltbar machen

Zucker konserviert auf ähnliche Weise wie Salz, indem er den Lebensmitteln Wasser entzieht. Je weniger Wasser vorhanden ist, desto schwerer haben es Schimmelpilze und andere Mikroorganismen. Die gängigsten Haltbarmachungsarten mit Zucker sind Marmelade, Kompott, Sirup und Gelees aus Früchten. Auch hier ist es wichtig, sterile Gläser zu verwenden (siehe Infokasten, Seite 151). Eine weniger bekannte, jedoch herrliche Methode ist Oleo Saccharum (Ölzucker): Hierfür werden Zitrusschalen oder aromatische Kräuter wie Basilikum mit reichlich Zucker bestreut und zerstoßen, dann 2 Tage bei Zimmertemperatur stehen gelassen, sodass der Zucker das Öl aus der Frucht bzw. Pflanze isoliert und anschließend abgegossen werden kann. Eignet sich hervorragend zur Herstellung von Cocktails und Limonaden. Genaue Anleitungen findest du im Internet.

Trocknen

Das ist, ob in der Sonne, im Dörrautomaten oder bei niedriger Temperatur im Backofen, eine aromatische Haltbarmachung, die sich für viele Lebensmittel eignet. Durch die Verdunstung der Feuchtigkeit intensiviert sich der Geschmack mancher Lebensmittel enorm, deshalb eignen sie sich als Würzzutaten wie beispielsweise getrocknete Tomaten, Pilze, Beeren und andere Früchte. Zur „Reaktivierung" und Weiterverarbeitung empfehle ich, sie einige Minuten in warmem Wasser einzuweichen, so werden sie wieder saftig. Kräuter lassen sich natürlich auch hervorragend trocknen, ich breite sie mit Stiel auf einem Tablett großzügig aus und lasse sie bei Zimmertemperatur liegen, bis sie richtig trocken sind. Anschließend kann man sie leichter vom Stiel entfernen und platzsparend und aromageschützt in ein Glas füllen. Brotreste verarbeite ich entweder zu Croûtons, indem ich sie in Würfeln mit etwas Öl und Gewürzen bzw. Kräutern knusprig anbrate und abgekühlt in ein Glas fülle (hält locker 1 Monat bei Zimmertemperatur). Oder ich schneide übriges Brot in dünne Scheiben und trockne diese ausgebreitet bei Zimmertemperatur (in der Sonne oder in Heizungsnähe), bis sie steinhart sind. Dann verarbeite ich sie entweder zu Semmelbrösel, die ich zur Bindung, als Panade oder zum Backen nutze, oder ich lagere die Scheiben trocken in einem Vorratsglas und mache daraus Brotlinge oder Semmelknödel. Getrocknetes Brot hält ewig.

Einfrieren

Viele Lebensmittel und Gerichte lassen sich kurzfristig durch Einfrieren haltbar machen. Das passt z. B. gut vor einer Reise oder nach einer Feier, wenn etwas übrig geblieben ist. Nun lässt sich diskutieren, wie nachhaltig Gefrierschränke sind; ich sehe es so: Wenn du damit verhindern kannst, Essen wegzuschmeißen und dich dadurch im Alltag stressfrei mit Selbstgekochtem versorgst, macht ein Gefrierschrank für dich Sinn. Je voller dieser ist, desto energieeffizienter arbeitet er, die Größe sollte also auf den Bedarf abgestimmt werden. In meinem Gefrierschrank finden sich: Abrieb von Zitrusschalen als Zutat für Dressings, Dips, Süßspeisen und Gebäck; Portionen von vorher blanchierten, gekochten oder ofengebackenen Gemüsen als Basis für Suppen und andere Gerichte (grüne Bohnen, Rotkohl, Kürbisstücke etc.); Portionen von zubereiteten Speisen, die sich gut einfrieren lassen (Lasagne, Burritos, Chili sin Carne); Früchte (Beeren, reife Bananenscheiben für Nicecream); Eiswürfel (für Getränke oder für Hummus, Seite 166), größere Mengen Brot (scheibenweise lässt es sich im Toaster portionsweise auftauen). Und zu viel Baguette wird zu Kräuterbaguette: Bestrichen mit einer Mischung aus (pflanzlicher) Butter, Knoblauch und Kräutern friere ich es ein, um es bei Bedarf im Ofen aufzubacken.

Einlegen und Einkochen

Bis in die 1960er-Jahre kochten fast alle deutschen Haushalte selbst ein, mit der zunehmenden Verbreitung von Tiefkühlgeräten verlor diese Haltbarmachung an Bedeutung und wurde erst in den letzten Jahren wieder zum Trend. Mit frischem Blick und internationalen kulinarischen Einflüssen werden Großmutters Klassiker heute neu interpretiert und verfeinert, sodass sie nicht mehr nur zweckerfüllend satt machen, sondern als Delikatessen betrachtet werden.

Beim **Einlegen** werden die Lebensmittel vollständig mit erhitztem würzigem Essigsud oder mit Salzwasser bedeckt, die Einmachgläser werden anschließend luftdicht verschlossen. Die Lebensmittel können so 1 Jahr haltbar gemacht werden. Bekannte Beispiele für Eingelegtes sind Gewürz-, Senfgurken, Perlzwiebeln, Mixed Pickles.

Beim **Einkochen** werden Lebensmittel durch Erhitzen und anschließendes luftdichtes Abfüllen konserviert. Nach der Abfüllung des heißen Guts wird dieses in den Gläsern erneut erhitzt, die Deckel funktionieren dabei wie Ventile und schließen das Glas beim Abkühlen durch Unterdruck luftdicht ab, was Pilze und Bakterien abhält. Bekannte Beispiele für Eingekochtes sind Tomaten-Passata, Apfelmus, Kompott, Marmelade. Einwecken ist lediglich ein Synonym für Einkochen, abgeleitet vom Eigennamen einer bekannten Herstellerfirma für Einmachgläser. Ich koche und lege selten größere Mengen von Lebensmitteln ein, einfach weil ich aktuell keinen Bedarf und keinen Lagerplatz dafür habe. Was ich aber häufig zubereite, sind schnelle Pickles: Hierfür wird rohes Gemüse mit heißem Essigsud übergossen, bei Zimmertemperatur abgekühlt und im Kühlschrank gelagert, wo es etwa 3–4 Wochen haltbar ist. Zum Übergießen von 500 g Gemüse koche ich einen Sud aus 500 ml Wasser, 250 ml Essig, 2 EL Salz und 2 TL Zucker. Nach Belieben würze ich zusätzlich mit Senfsaat, Koriander, Lorbeerblättern, Gewürznelken, Sternanis, Chilischoten, Thymian, Rosmarin, Oregano, Piment, Knoblauch. Die Methode ist auch perfekt zur Resteverwertung von „müden" Radieschen, halben Zwiebeln, fein geschnittenen Stielen von Grünkohl, Petersilie, Dill und Koriander.

Fermentieren

Bei dieser jahrtausendealten Methode erfolgt die Haltbarmachung der Lebensmittel durch Vergärung. Ihnen werden bestimmte Pilze bzw. Bakterien zugesetzt, die eine „gezielte Verrottung" herbeiführen. Dieser Vorgang wird auch Milchsäuregärung genannt. Milchsäurebakterien verwandeln dabei Zucker in Milchsäure, schädliche Mikroorganismen sterben ab, nützliche, probiotische Bakterien bleiben übrig. Die fermentierten Lebensmittel entwickeln dadurch einen säuerlichen Umami-Geschmack und gelten als sehr gesund, da die Vitamine erhalten bleiben, die Darmflora unterstützt und das Immunsystem gestärkt wird. Milchsäurebakterien sollen außerdem entzündungshemmend wirken. Für Anfänger*innen empfehle ich als einfachste Art der Gemüse-Fermentation die mit Salz. Hier gibt es zwei simple Varianten: Gemüse, wie Kohl oder Rettich, das Wasser abgibt, wird **mit Salz massiert** und dann im eigenen Saft fermentiert (siehe Step-by-Step-Sauerkraut, Seite 104). Andere Gemüse, wie Karotten, Bete, Blumenkohl, werden entweder roh (geraspelt oder in Scheiben) oder kurz blanchiert und abgekühlt (grüne Bohnen) vollständig **mit 3 %iger Salzlake begossen**. Bei 1 l Wasser (1000 g) sind das 30 g Salz. Das Wasser muss nicht heiß, sollte aber warm genug sein, dass sich das Salz ganz auflöst. Für den Geschmack können, wie bei den schnellen Pickles (siehe Einlegen, Seite 149), Gewürze beigegeben werden. Die Fermentation erfolgt bei Zimmertemperatur, das Glas muss nicht vollständig verschlossen werden, aber es ist sinnvoll, den Inhalt durch Abdecken vor Staub, Insekten oder Ähnlichem zu schützen. Ich lege den Glasdeckel eines Einmachglases lose obenauf und checke täglich, dass alles mit Flüssigkeit bedeckt ist, da sonst Schimmel- und Austrocknungsgefahr besteht. Je nach Geschmack und Gemüse dauert die Fermentationsphase zwischen 5 Tagen und 3 Wochen. Einfach immer wieder probieren, bis der gewünschte Geschmack und die gewünschte Konsistenz erreicht ist. Wenn du den Fermentationsprozess beenden möchtest, verschließe das Glas und stelle es in den Kühlschrank, die Milchsäurebakterien gehen dann in den Kälteschlaf und stellen ihre Aktivität ein. Trau dich einfach und fange am besten mit Sauerkraut an, das ist ein gutes Einstiegsprojekt mit schnellem Erfolgserlebnis.

Wenn du Lust hast, tiefer ins Thema Fermentation einzusteigen, empfehle ich aus eigener Erfahrung die Online-Kurse der Expertin *Alexis Görtz*. Ich habe all mein Fermentationswissen von ihr, sie bietet sowohl einzelne Kurse an zu den Themen Sauerteig, Kombucha, veganer Käse, Gemüsefermentation, Kefir, probiotische Lebensmittel als auch einen Kombi-Kurs, der alle Bereiche abdeckt: *www.ediblealchemy.co*

GLÄSER STERILISIEREN

Bevor du Lebensmittel einlegst oder ein kochst, solltest du die verwendeten Gläser sterilisieren, um Keime und Bakterien abzutöten. Du musst keine neuen Gläser kaufen, verwende ruhig vorhandene Marmeladen-, Gemüse- und sonstige Schraubgläser, solange der Deckel richtig dicht ist. Hier zwei schnelle Sterilisiermethoden:

1. Sterilisieren in kochendem Wasser: Diese Methode eignet sich vor allem für wenige, kleine Gläser.

- Fülle reichlich Wasser in einen großen Topf.

- Lege die Gläser und die Decke hinein. Alles muss voll-ständig von Wasser bedeckt sein.

- Bringe das Wasser zum Kochen und lasse alles 10 Minu-ten darin auskochen.

2. Sterilisieren im Backofen: Diese Methode eignet sich, wenn du viele große Gläser reinigen willst.

- Heize den Backofen auf 130 °C Unter-/Oberhitze vor.

- Übergieße die Gläser im Spülbecken mit kochendem Wasser aus dem Wasserkocher. Die Deckel nicht im Ofen, sondern wie oben beschrieben in heißem Wasser sterilisieren.

- Stelle die Gläser für 15 Minuten in den Ofen. Schalte an-schließend den Ofen aus und lasse sie im Ofen abkühlen oder entnehme sie mit einem Ofenhandschuh.

Meal Prep

Meal Prep (Kürzel von engl. Meal Preparation) bedeutet im Grunde nichts anderes als Speisenvorbereitung oder „Vorkochen". Die Idee ist, gleich für mehrere Tage zu kochen, um im Alltag Zeit zu sparen. Natürlich bedeutet das nicht, dass man dann mehrere Tage das gleiche Gericht essen muss, sondern einzelne Komponenten, wie etwa Hülsenfrüchte, zubereitet, die sich dann mit verschiedenen Beilagen variieren lassen. Wenn du dich bei dem Thema noch unsicher fühlst, kannst du auch komplette Gerichte vorplanen, ich empfehle jedoch meine persönlichen Shortcuts, die sich genauso intuitiv wie der Rest meiner Küchenphilosophie gestalten:

- Bei Hülsenfrüchten immer gleich mehr kochen und variable Gerichte daraus machen (Beispiel Linsensalat, -suppe, -hummus, Seite 165).

- Bei Reis und anderen Getreiden ebenso immer gleich mehr kochen und die Reste als Füllung, angebraten gemischt mit Gemüse, in einem Salat oder als Süßspeise verarbeiten.

- Grundsätzlich ein paar selbst gemachte oder zugekaufte gesunde „Konserven" im Kühlschrank haben: Fermentiertes wie Kimchi, Sauerkraut, Salzgurken, Gemüse-Pickles, eingelegten Ingwer, Kapern, Oliven, Chutney, um sie als Topping, Zutat oder Würzzutat für Salate, Dips, Gemüse-, Getreide- oder Nudelgerichte zu verwenden.

- Größere Mengen Gemüse (z. B. Kartoffeln, Bete, Karotten) vorkochen und tageweise abwechselnd gebraten, als Salat oder püriert als Suppe oder Püree verwenden. Für mehr Abwechslung im Alltag gibt es bei mir oft eine pürierte Suppe aus den Gemüseresten des Vortags, serviert mit Croûtons aus altbackenem Brot oder Pizzarändern, Gomasio, gerösteten Nüssen und Saaten oder selbst gezogenen Sprossen (Seite 118).

- Wrap it: Ob herzhafte Pfannkuchen vom Vortag, gekaufte Tortillas, arabisches Fladenbrot, große Salatblätter – vieles lässt sich mit Resten füllen und so zu einem Gericht aufmotzen. Natürlich schmecken Pfannkuchenstreifen auch herrlich als Suppeneinlage.

- Reste von Hülsenfrüchten, Reis, Gemüse werden mithilfe von Gewürzen, Kräutern und Bindemitteln schnell zu leckeren Bratlingen (Seite 179).

- Missglückte Kochexperimente als kreative Herausforderung betrachten: So wird aus den zerkochten Bohnen eine leckere Suppe, aus dem versalzenen Dip verlängert eine Nudelsauce, aus dem kristallisierten Karamell oder der falsch temperierten Schokolade eine Füllung für süße Hefeschnecken.

- Kleine Reste in etwas großes Leckeres verwandeln: Der Rest Mayo von den Takeaway-Pommes wandert in die Salatsauce, der Rest Agavensirup oder Schokocreme im Glas wird mit warmer (pflanzlicher) Milch ausgeschwenkt und als süßes Heißgetränk genossen, der Rest Wein peppt die herzhafte Sauce auf.

Meine Haltbarmachungs-Ideen

Übersicht

Bewusst habe ich mich in diesem Buch für eine kleine, aber durchdachte Auswahl von Grundrezepten und -prinzipien entschieden, die du beliebig variieren, multiplizieren und abändern kannst. Die Basic-Bausteine findest du hier zusammengefasst, weiteres Praxiswissen und Zubereitungsformen ab Seite 106. Beim Rest traue ich dir zu, dass du in der Lage bist, es dir selbst zu erarbeiten und dich zukünftig möglichst frei in der Küche zu bewegen. Etwa beim Thema Mengenangaben: Während ich die Rezepte niederschrieb, hätte ich sie am liebsten ganz weggelassen und dich wie ein flügges kleines Vogelküken aus dem wohligen Rezepte-Nest gestupst mit den Worten: „Koche einfach los – du kannst das!" Doch mein Verlag bestand auf einem Mindestmaß an Mengenangaben, das ist auch okay so. Ich bin sicher, dass es helfen kann, Öl fürs Dressing löffelweise abzumessen. Aber irgendwann weißt du nach Gefühl, wie das Verhältnis von Öl und Essig in einem Dressing sein sollte. Augenmaß ist das erklärte Ziel. Bis du dich sicher genug fühlst, verwende ruhig die Mengenangaben! Gutes Gelingen mit dem neu gewonnenen Freiheitsgefühl!

Kochen und Kombinieren

Homemade statt Fertiggerichte

Um – außerhalb meiner Köchinnen-Bio-Blase – einen Überblick zu bekommen, welche Gerichte am häufigsten auf deutschen Tellern landen bzw. in der Convenience-Version angeboten werden, habe ich mir einen halben Tag Zeit genommen und bin mit wachem Blick durch fünf verschiedene Supermärkte spaziert. Und habe in der Folge Zu-Hause-Versionen von diesen Gerichten zusammengestellt, die hierzulande nur zu gerne als Fertiggerichte verkauft werden, weil uns die Werbung weismachen will, sie wären furchtbar kompliziert und zeitaufwendig herzustellen.

Grundrezepte für ...
- Nudeln mit wahlweise Tomaten-, Bolognese- oder Sahnesauce
- Wokgemüse
- Pizza
- Lasagne
- klare oder cremige Suppen
- Fertigbratlinge
- Hummus bzw. Aufstriche

Sidedishes und Co.

Zudem habe ich meine Leser*innen auf Social Media befragt, mit dem Ergebnis, dass sie Rezepte für Saucen, Dips und Aufstriche wollten. Dazu gibt's Basisrezepte und persönliche Favoriten wie Mayonnaisen-Variantionen und zweierlei Braune Sauce.

Grundrezepte für ...
- Saucen
- Dips
- Salate und -Dressings

Desserts & Backwaren

Auch eine kleine Auswahl süßer bzw. Backrezepte habe ich berücksichtigt, die du beliebig erweitern und abändern kannst.

Grundrezepte für ...
- (glutenfreien) Rührkuchen
- (ziemliche gesunde, trotzdem leckere) Kekse
- ein schnelles Crumble, das sich auf Vorrat machen lässt
- Biskuit
- eine köstliche Schokomousse (zwei Varianten)

Die Klassiker

... für eine gesunde ausgewogene pflanzliche Küche.

Grundrezepte und / oder Varianten für ...
- Getreiderisotto
- Bunten Salat
- Linsengerichte
- Bratlinge

Meal Prep

Was die Kombi von Rezepten und Mengen betrifft, empfehle ich Meal Prep: Gleich die doppelte Menge kochen und die Hälfte einfrieren oder anderweitig haltbar machen. Nach dem Baustein-Prinzip kannst du dir daraus weitere Gerichte gestalten.

Meal-Prep-Varianten ...
- Bolognese + Mehlschwitze + Pasta = Lasagne
- Tomatensauce + Pizzateig + Belag = Pizza
- Biskuit + Schokomousse = Torte

Grundprinzip Kräftige Brühe

In meiner Jugend (hach) habe ich öfters auf Weihnachtsmärkten gearbeitet und da war es oft sehr kalt. Ich trank Tee aus der Thermoskanne, bis mir jemand den Tipp gab, dass heiße Brühe eine viel bessere Wärmewirkung hat, wenn man so richtig durchgefroren ist. Folgendes Rezept für selbst gemachte Brühe enthält bewusst keine Mengenangaben, da es sich um ein Grundprinzip handelt, das du mit einer beliebigen Menge Gemüse herstellen kannst. Bis auf Kohlsorten, die eher „muffig" schmecken, kann ich alle Gemüsesorten empfehlen. Vorsicht bei Roter Bete und lila Karotten, sie färben die Brühe.

Zutaten

Gemüse nach Wahl, gut geeignet sind …

Klassische Variante: Wurzelgemüse wie Karotte, Knollensellerie, Staudensellerie, Pastinake, Petersilienwurzel, Lauch, Zwiebel, Petersilie (mit Stiel)

Abwandlung-Variante: Pilze, Frühlingszwiebel, Knoblauch

Zero-Waste-Variante: Karottenschalen, Kohlrabischalen, Paprikaabschnitte, Zwiebelschalen, Sellerieblätter, Tomatenabschnitte oder „runzelige" Tomaten

Farb-Variante: Rote Bete, lila Karotten

Öl (Pflanzenöl) zum Braten • 1 oder mehrere Lorbeerblätter, je nach Gemüsemenge • Salz • Pfeffer

Zubereitung

- Das Gemüse waschen, ggf. putzen, schälen und in grobe Würfel schneiden. Etwas Öl in einem Topf erhitzen und zuerst das härteste Gemüse (z. B. Sellerie, Karotten etc.) unter Rühren darin einige Minuten andünsten; es sollte dabei nur glasig glänzen, aber keine Farbe bekommen. Dann das restliche Gemüse unterrühren und weitere 2 Minuten mitdünsten.

- Den Lorbeer dazugeben und mit so viel kaltem Wasser auffüllen, dass alles gut damit bedeckt ist (die Verwendung kalten Wassers sorgt dafür, dass sich die Aromen besonders gut aus den Zutaten lösen). Erhitzen und dann bei schwacher Hitze mit geschlossenem Deckel etwa 1 Stunde köcheln lassen. Anschließend in ein Sieb abgießen. Die Brühe sofort servieren oder weiterverarbeiten.

Fortsetzung →

Tipps

Abwandlung: Nach Geschmack z. B. einige Spritzer scharfe Chilisauce, etwas Limettensaft, Sojasauce, Sesamöl oder etwas Pesto mit dazugeben – oder was sonst so im Kühlschrank oder Vorratsschrank zu finden ist und dazu passen könnte.

Zero Waste: Das ausgekochte Gemüse ist geschmacklich nicht mehr so der Knaller (dafür wurde ja die Essenz gewonnen), man kann es aber prima kompostieren, an Vierbeiner verfüttern oder wilde Experimente starten wie beim Bratensauce-Rezept (Seite 213) beschrieben. Da man das Gemüse ansonsten nicht mehr gut weiter verwerten kann, ist es am besten, die Brühe zum Großteil aus Gemüseresten zu kochen, die damit außerdem noch eine sinnvolle Verwendung finden.

Meal Prep: Mit diesem Grundprinzip kann man nicht nur hervorragend Gemüsereste verwerten, es eignet sich ebenso wunderbar für Meal Prep. Dafür einfach Lebensmittel verwenden, die nur eine kurze Garzeit benötigen bzw. auch roh gegessen werden können. Diese in große Gläser packen und einige Minuten vor dem Verzehr mit der heißen Brühe übergießen.

Alternative: Statt flüssiger Brühe aus Gemüseresten eine Basispaste herstellen, die im Kühlschrank Monate hält, dazu gibt es online viele Rezepte, z. B. von meinem Kollegen *Sebastian Copien*.

Brühe mit Einlagen

Das Grundrezept kann durch vielerlei Einlagen erweitert werden. Hier einige Vorschläge, die gut dafür geeignet sind. Nicht so passend sind dagegen rohe Kartoffeln, rohe Aubergine, roher Mangold, normale ungekochte Nudeln, da sie eine längere Garzeit benötigen.

Einlagen-Zutaten

- in feine Streifen oder Scheiben geschnittenes oder geraspeltes Gemüse (z. B. Karotten, Radieschen, Rettich, Zucchini, Brokkoli, Paprika, Tomate, verschiedene Pilze, Lauch)
- Sprossen
- asiatische Nudeln mit kurzer Garzeit oder Einweichzeit
- gekochte Hülsenfrüchte (gerne auch Reste)
- gekochte Kartoffelstücke (gerne Reste vom Vortag)
- gekochtes (Pseudo-)Getreide (z. B. Reis, Weizen, Gerste, Quinoa)
- Tofuwürfel

- frische oder getrocknete Kräuter (z. B. Petersilie, Minze, Koriander, Melisse, Schnittlauch, Liebstöckel)
- fein geschnittene Zwiebelringe oder Frühlingszwiebel
- geschnittene Salate oder Blattgemüse (z. B. Spinat, Radicchio, Chinakohl, Pak Choi, Wildkräutersalat)
- dünn geschnittene Ingwerscheibe
- fein geschnittene Chilischote oder getrocknete Chiliflocken

Zubereitung

Die gewünschte Einlage einfach in die Grundrezept-Brühe geben und je nach erforderlicher Garzeit darin erhitzen. Die Einlagen-Brühe sofort servieren.

Cremige Salatsuppe

Eine leichte Suppe, geeignet – auch kalt – als Sommergericht oder Vorspeise. Sie lässt sich gut aus allen „müden" Salatresten und/oder Blattspinat zubereiten, die dringend verarbeitet werden sollten. Die Zugabe von (Frühlings-)Zwiebeln und frischen (gern auch „müden") Kräutern wie Petersilie und Basilikum sorgt für herzhaftes bzw. frisches Aroma, das gut zur leicht bitteren Salatnote passt. Die Suppe schmeckt aber auch ohne diese Zugaben. Für Cremigkeit sorgt Tahina, das funktioniert übrigens ebenso gut mit einem anderen Nussmus.

Zutaten FÜR 2 PORTIONEN

½ oder 1 kleiner Salatkopf oder 2–3 Handvoll Pflücksalat/Blattspinat • ½ Zwiebel oder 1 kleines Stück Lauch oder 1–2 Frühlingszwiebeln (optional) • 3 EL Bratöl oder Olivenöl • einige grob gehackte Stiele Petersilie oder etwas grob gehacktes frisches Basilikum (optional) • 3–4 EL Tahina (Sesampaste) • Salz • 1 Schuss Säure (Essig oder Zitronensaft) • 1 Prise Zucker oder 1 TL Sirup nach Bedarf

Zubereitung

- Vom Salatkopf die äußeren Blätter entfernen. Den Salat in die einzelnen Blätter teilen, waschen, trockenschleudern und in grobe Streifen schneiden. Falls verwendet, die Zwiebel schälen, Lauch oder Frühlingszwiebel putzen, waschen und alles grob hacken.

- Das Öl in einem mittelgroßen Topf erhitzen und den Salat sowie, falls verwendet, Zwiebel, Lauch, oder Frühlingszwiebel und die Kräuter darin 2–3 Minuten anbraten. Mit Wasser aufgießen, sodass alles gerade gut bedeckt ist, und 5 Minuten köcheln lassen.

- Mit Tahina in einem Standmixer oder mit dem Stabmixer in einem hohen Rührbecher zerkleinern. Mit Salz und Säure (Essig oder Zitronensaft) würzen. Falls der Geschmack zu bitter ist, etwas süßen.

Tipps

Einlage: Als Einlage passen gut Croûtons aus altbackenem Brot oder in der Pfanne geröstete Samen oder Nüsse (z. B. Kürbiskerne, Sesamsamen, Sonnenblumenkerne).

Zero-Waste-Variante: Mit Resten, wie z. B. einer vorgekochten Kartoffel oder einigen Löffeln gekochter Hülsenfrüchte, püriert, wird die Suppe sämiger und sättigender.

Dreierlei Linsen

Einmal kochen – drei Gerichte: Suppe, Salat und Hummus! Nach diesem Prinzip kannst du auch andere Hülsenfrüchte verarbeiten und beliebig kombinieren, frei nach dem Grundprinzip Bunter Salat (Seite 169). Besonders liebe ich gelbe und rote Linsen. Nicht nur weil sie gut schmecken und irre gesund sind, sondern auch weil sie eine kurze Kochzeit haben, wenn es mal schnell(er) gehen soll. Die Linsen werden über Nacht eingeweicht, dies sorgt für bessere Bekömmlichkeit.

Linsensuppe

Zutaten FÜR 2 PORTIONEN

100 g getrocknete rote oder gelbe Linsen, über Nacht eingeweicht • Gemüsereste (optional) • 1 Knoblauchzehe • 1 mittelgroße Zwiebel • 4 EL Olivenöl • 3 EL Tomatenmark • 1 TL Paprikapulver • 1 TL getrocknete Minze (Minztee) • 1 TL Kreuzkümmelpulver • Salz • Saft von ½ Zitrone oder etwas Apfelessig • etwas Blattspinat oder frisch gehackte Petersilie (optional) • etwas Sriracha- oder eine andere scharfe Sauce (optional)

Zubereitung

- Die eingeweichten Linsen in ein Sieb abgießen und kalt abspülen. Den Knoblauch schälen und fein hacken. Die Zwiebel schälen und in feine Würfel schneiden. Das Öl in einem mittelgroßen Topf erhitzen und beides darin unter Rühren einige Minuten andünsten. Tomatenmark 1 Minute unterrühren und anbraten.

- Die Linsen und optional die Gemüsereste dazugeben und so viel heißes Wasser aufgießen, dass alles gut bedeckt ist. Bei schwacher Hitze etwa 15 Minuten köcheln lassen, bis die Linsen und das Gemüse weich gekocht sind. Vom Herd nehmen, etwas abkühlen lassen und pürieren.

- Die Suppe mit Paprikapulver, Minze, Kreuzkümmel und Salz würzen. Nach Bedarf mehr Wasser dazugeben und mit Zitronensaft oder Essig würzen. Optional Spinatblätter oder Petersilie unterrühren sowie mit scharfer Sauce beträufeln und servieren.

Tipp und weitere Rezepte →

Tipp

Abwandlung: Entweder übrig gebliebenes, vorgekochtes Gemüse (z. B. Kartoffeln, Karotten) mitpürieren oder klein geschnittene Gemüsereste mitkochen (und pürieren). Macht den Geschmack „gemüsiger" und sorgt für eine sämige Konsistenz.

Linsensalat

Zutaten FÜR 2 PORTIONEN

100 g getrocknete rote oder gelbe Linsen, über Nacht eingeweicht • saisonale Zutaten nach dem Grundprinzip Bunter Salat (Seite 169)

Zubereitung

- Die eingeweichten Linsen in ein Sieb abgießen und kalt abspülen. Mit etwa 200 ml Wasser in einen Topf geben und aufkochen. Die Linsen bei schwacher Hitze etwa 10 Minuten köcheln, bis sie gar sind. In ein Sieb abgießen und abtropfen lassen.

- Mit den übrigen Zutaten nach dem Grundrezept Bunter Salat mischen, marinieren und servieren.

Linsenaufstrich Hummus-Art

Vieles wird heute als Hummus bezeichnet, was nicht mehr so wirklich mit dem Ursprungsgericht zu tun hat, das würde ich dann aus Respekt vor der levantinischen Küche eher Hülsenfrüchte-Aufstrich nennen. Echtes Hummus ist samtig-weich, cremig und so lecker, dass man es pur löffeln kann. Traditionell wird es mit Kichererbsen oder Ackerbohnen puristisch unter Zugabe von Tahina, Zitronensaft und Salz hergestellt, manchmal kommen Knoblauch und Kreuzkümmel dazu. Statt dieser Hülsenfrüchte gelbe/rote Linsen zu verwenden hat Vorteile: Sie haben eine wesentlich kürzere Kochzeit, machen aber das Endergebnis genauso lecker. Und wenn sie mal aus Versehen „verkochen", kann man umso besser Hummus daraus machen.

Zutaten

100 g gelbe oder rote Linsen • 1 Bio-Zitrone + mehr Zitronensaft nach Bedarf • 4 EL Tahina (Sesampaste) • 1–2 TL Kreuzkümmelpulver • 1 Handvoll Eiswürfel (optional) • Salz

Zubereitung

- Die Linsen über Nacht mit Wasser bedeckt in einem Topf einweichen. Am Zubereitungstag in ein Sieb abgießen und unter fließendem Wasser abspülen. Mit frischem Wasser in einem Topf aufkochen und darin bei schwacher Hitze gar kochen. Anschließend abgießen und abkühlen lassen.

- Die Zitrone heiß waschen, trocken reiben, halbieren, von einer Hälfte die Schale abreiben und von beiden Hälften den Saft auspressen.

- Die Linsen mit Tahina, dem Zitronenabrieb und -saft, dem Kreuzkümmel, etwas kaltem Wasser oder optional 1 Handvoll Eiswürfel und etwas Salz pürieren; am besten mit dem Stabmixer in einem hohen Rührbecher oder mit dem Hochleistungsmixer oder der Küchenmaschine. Den Aufstrich ggf. mit mehr Salz oder Zitronensaft abschmecken und servieren.

Tipp

Eis: Wenn man statt etwas kaltem Wasser 1 Handvoll Eiswürfel oder Crushed Eis mit in den Mixer gibt, wird das Ergebnis besonders fluffig. Den Trick habe ich von den Betreiber*innen der *Mashery Hummus Kitchen* in Köln.

Das Foto vom Linsenaufstrich findest du bei den Dips / Aufstrichen auf Seite 183.

Grundprinzip Bunter Salat

Ich liebe es, eine große Schüssel kunterbunten Salat zusammenzubasteln und mit anderen zu teilen oder auch ganz alleine aufzuessen. Je nach Jahreszeit und dem was ich zu Hause zur Verfügung habe, wähle ich meine Zutaten aus. Eine perfekte Möglichkeit auszutesten, welche Lebensmittel sich gut kombinieren lassen!

In einer perfekten Salatschüssel sollten alle Geschmäcker und alle Konsistenzen vertreten sein. Wichtig ist auch, dass das Verhältnis der Zutaten ausgewogen ist, also von allem genug drin ist. Das muss nicht heißen, dass von allem gleich viel rein muss, manche Zutaten sind geschmacksintensiver und können deshalb zurückhaltender dosiert werden. Lass dich nicht abschrecken, wenn das jetzt zu kompliziert klingt, denn natürlich schmeckt der Salat (mit dem richtigen Dressing) auch, wenn mal nur vier Geschmacksrichtungen vertreten sind oder wenn der Salat lediglich aus drei Zutaten besteht!

Der Salat auf dem Bild besteht aus ...

gekeimten Mungbohnen • gekeimten Berglinsen • Äpfeln • Karotten • Rosinen • gerösteten Walnüssen • grüner Paprika • Radicchio-Salat • frischer Minze • frischer Melisse • getrockneter Tomate

- Als Dressing verwende ich eine Miso-Mayonnaise (Seite 190), die mit ihrem öligen Umami-Geschmack diesen sehr knackig gestalteten Herbstsalat perfekt ergänzt. Zur besseren Verteilung verdünne ich die Konsistenz der Mayonnaise mit einigen Löffeln Wasser.

Tipps

Salat: Um Salat nach Augenmaß für eine bestimmte Anzahl an Portionen zuzubereiten, empfehle ich, sich vorzustellen, wie viele Teller der Schüsselinhalt füllen würde. Das kann man auch direkt üben, indem man die Teller oder Schüsseln bereitstellt, in denen man den Salat später servieren will. Diese entsprechend mit den Zutaten füllen, die man verwenden möchte, bevor man diese schneidet oder weiter verarbeitet und vermischt. So kann man gut die gesamte Menge kalkulieren. Mit der Zeit bekommt man einen Blick dafür und bereitet automatisch die richtige Menge zu – versprochen!

Fortsetzung und weitere Varianten für Zutaten →

Dressing: Bei sehr feuchten Salaten (z. B. durch Zugabe von Gurken, Tomaten, Wassermelone) darf das Dressing ruhig etwas fester sein, es wird durch die in den anderen Zutaten enthaltene Flüssigkeit beim Vermischen automatisch verdünnt.

Basis-Zutaten

Kohlenhydrat- und/oder Proteinquellen

- Gekochte oder gekeimte Hülsenfrüchte (Seite 112 & 118) (weil sie eine wertvolle Proteinquelle bilden).
- Gekochte (Pseudo-)Getreidearten (z. B. Weizen, Gerste, Reis, Quinoa, Hirse)
- Kartoffeln oder Nudeln, gerne vom Vortag

Weitere Zutaten für Salat und Dressing

Blättrige Zutaten

- Alle gängigen Salatsorten, je nach Jahreszeit verfügbar: Kopfsalat, Endivien, Römersalat, Radicchio, Feldsalat, Postelein, Eichblattsalat, Batavia, Chicorée, Rucola, Chinakohl, Frisée, Eisbergsalat, Lollo rosso, Portulak, Löwenzahn etc.
- Alternativ (im Winter): Grünkohl, fein geschnittener oder geraspelter Weißkohl, Rotkohl, Rosenkohl, Spitzkohl (mit Salz massiert, wird der Kohl weich und besser verdaulich)

Saure Zutaten

- Zitrusfrüchte, Essig, eingelegtes / fermentiertes Gemüse, Kapern, Sauerkraut, Sauerampfer, Zitronenmelisse, Zitronengras
- Dressing: Abrieb und / oder Saft von Zitrusfrüchten

Süße Zutaten

- Äpfel, Birnen, Beeren, Steinobst (z. B. Pfirsich, Nektarine, Pflaume, Aprikose), Trauben, Granatapfelkerne, Melone
- Getrocknete Früchte (z. B. Rosinen, Feigen, Datteln), mindestens 10 Minuten in warmem Wasser eingeweicht und ggf. klein geschnitten

Salzige Zutaten

- Oliven, Kapern
- Dressing: Sojasauce, Misopaste

Scharfe Zutaten

- Peperoni, Chilischote, Meerrettich, Ingwer, Pfeffer, Zwiebeln, Schnittlauch, Frühlingszwiebeln, Bärlauch
- Dressing: scharfer Senf

Bittere Zutaten

- Basilikum, Petersilie, Koriander, Rucola, Thymian, Majoran, Kurkuma, Mandeln, Walnusskerne (mit Haut), Cranberrys
- Dressing: bittere Öle (z. B. Leinöl, Rapskernöl)

Wokgemüse

Speisen im Wok zuzubereiten ist eine wahre Kunst, Profis können mehrere Pfannen gleichzeitig bespielen. Besonders in der chinesischen und süd- sowie südostasiatischen Küche kommen Woks zum Einsatz.

Bei meiner Ausbildung zur Bio-Gourmet-Fachfrau habe ich simple Techniken wie das Gemüse-Woken erlernt und bin davon so begeistert, dass ich dir das Grundprinzip gerne vermitteln möchte, denn es geht schnell, das Gemüse behält seinen Biss und entwickelt ein so tolles Eigenaroma, dass es selbst nur mit einer Prise Salz schon hervorragend schmeckt!

Basis-Woken-Utensilien

Voraussetzung für das Woken ist eine Wokpfanne in der typischen runden Form.

Beim Woken wird das Gemüse ständig in Bewegung gehalten, dies geschieht durch Schwenken der Pfanne oder unter Verwendung von Werkzeugen wie Pfannenwender, Kochlöffel oder Zange. Für Anfänger*innen empfehle ich zwei Werkzeuge, bei beschichteten Pfannen solche aus Holz, z.B. Kochlöffel oder Pfannenwender.

Basis-Woken-Vorgang

Gemüse: Das Gemüse bei möglichst starker Hitze möglichst kurz garen. Wichtig ist, sukzessive nach der Länge der Garzeit mit dem härtesten Gemüse zu beginnen und Kurzkochendes ganz am Ende dazuzugeben. Ein Beispiel für die korrekte Reihenfolge: Karotten, Fenchel, Zucchini, Pilze, Sprossen, Chinakohl (Beispiel Seite 80).

Geschmackszutaten: wie Knoblauch, Zwiebel, Ingwer erst gegen Ende der Zubereitungszeit dazugeben, da sie bei der großen vorherigen Hitze verbrennen würden.

Zutaten

verschiedene Gemüse nach Wahl • Bratöl nach Wahl (z.B. auf Sonnenblumen- oder Rapsbasis, Erdnussöl, Sesamöl, Kokosöl oder Sojaöl) • Geschmackszutaten nach Wahl (z.B. Knoblauch, Zwiebel, Ingwer, in kleinen bzw. feinen Würfeln) • Salz oder Sojasauce

Fortsetzung →

Zubereitung

- Das Gemüse ggf. putzen, waschen und zerkleinern.

- Den Wok bei starker Hitze erhitzen. Die Hitze etwas reduzieren, aber im oberen Drittel bleiben, und ein wenig Öl darin erhitzen. Das Gemüse je nach Garzeit der Reihe nach dazugeben und mit zwei Werkzeugen ständig in Bewegung halten, es soll nicht anbraten und keine Röstaromen entwickeln. Kühlt das Öl durch die Zugabe des Gemüses ab, die Hitze ein wenig erhöhen. Wichtig ist, dass der Wok heiß genug ist, aber nicht so heiß, dass das Gemüse selbst in ständiger Bewegung anbrennt.

- Die Würzzutaten gegen Ende der Zubereitungszeit dazugeben.

- Mit Salz oder Sojasauce würzen und pur (z. B. mit einem Dip, Seite 182) oder als Beilage servieren.

Tipp

Shortcut: Wenn es besonders schnell gehen soll, das Gemüse in ganz kleine Würfel oder mit der Küchenmaschine in dünne Scheiben oder Raspel schneiden (Oberflächenvergrößerung), dann wird es noch schneller gar.

To-cook-Liste

→ Vegane Potstickers (Gefüllte Teigtaschen mit Kruste vom Topfboden)
→ Selber Seitan (aus Mehl) herstellen
→ Selbst veganen Schimmelkäse machen
→ ...

Getreiderisotto mit Apfel und geschmolzenen Zwiebeln

Simpel und lecker: Äpfel und Zwiebel sind regional und sorgen für eine abwechslungsreiche Konsistenz und für Geschmacksvielfalt: süß-sauer-umami-knackig-kernig-cremig-weich-köstlich! Ich lege die Apfelwürfel in süß-pikanter Essigmarinade ein, das Gericht schmeckt aber auch mit rohen Apfelwürfeln.

Zutaten

6 EL Essig • 2 EL Zucker oder Sirup • Salz • 1–2 Äpfel (je nach Größe), gewürfelt (Seite 97) • 6 EL Bratöl oder Olivenöl • 4 mittelgroße Zwiebeln, davon ½ Zwiebel gewürfelt, der Rest in feine Streifen geschnitten • 300 g Graupen oder ganzes Getreide (z. B. Weizen, Gerste, Dinkel, über Nacht eingeweicht) • 1 l Gemüsebrühe • Pfeffer

Zubereitung

- Den Essig, 6 EL Wasser, den Zucker und ½ TL Salz in einem kleinen Topf erwärmen, bis sich der Zucker aufgelöst hat. Die Apfelwürfel mit dieser Marinade übergießen und beiseitestellen.

- 2 EL Öl in einem großen Topf erhitzen und die halbe gewürfelte Zwiebel darin einige Minuten andünsten.

- Falls (eingeweichtes) Getreide verwendet wird, dieses abgießen und unter fließendem Wasser kurz abspülen. Das Getreide zu den Zwiebelwürfeln geben. Mit der Brühe ablöschen, alles aufkochen und bei schwacher Hitze etwa 30–40 Minuten gar kochen.

- Währenddessen das restliche Öl in einer Pfanne erhitzen und die Zwiebelringe darin bei schwacher Hitze ganz langsam anbraten. Etwa 15 Minuten unter gelegentlichem Umrühren weiter braten, sodass sie schön karamellisieren und am Ende butterweich sind.

- Die Äpfel aus der Marinade nehmen und unter das fertig gekochte Getreide heben, dabei eine kleine Portion zur Deko behalten. Das Risotto mit Salz, Pfeffer und etwas Marinade würzen. Mit den karamellisierten Zwiebelringen als Topping und den übrigen Apfelwürfeln servieren. Die übrige Marinade kann in Salatdressings verarbeitet werden.

REZEPTE

Bratlinge

Eigentlich mag ich das Wort Bratlinge immer noch nicht so gerne, mich würde mal interessieren wer sich das ausgedacht hat. Mir fällt aber auch nichts Besseres ein. Irgendwie muss man die runden kleinen Dinger ja nennen, die in der Pfanne knusprig gebraten werden.

Hier nun drei Varianten der fleischfreien Frikadellen – oder eben Bratlinge – auf Hülsenfrüchtebasis mit verschiedenen Würzungen. Das sind aber nur meine Ideen, ansonsten gilt auch hier: Alles ist erlaubt, was schmeckt!

Zusammengehalten wird das Ganze durch ein Bindemittel, das überschüssige Feuchtigkeit aufsaugt, denn wenn man nur pürierte Hülsenfrüchte und Geschmackszutaten mischt, ist die Masse zu feucht, um sich formen und braten zu lassen. Ich verwende dazu am liebsten Semmelbrösel (gerne selbst gemacht) oder als glutenfreie und zudem proteinreiche Alternative Kichererbsenmehl.

Mediterrane Bohnen-Bratlinge

Zutaten FÜR 4 BEILAGEN-PORTIONEN

1 mittelgroße Zwiebel • 240 g (Abtropfgewicht) gekochte weiße Bohnen • 1 EL getrockneter oder 1 Zweig frischer fein gehackter Rosmarin • 1 EL getrockneter oder 1 Zweig frischer fein gehackter Salbei • 1 Schuss Olivenöl • 3–4 EL Semmelbrösel oder Kichererbsenmehl • Salz • Pfeffer • Essig • Fett zum Braten

Zubereitung

- Die Zwiebel schälen und in Würfel schneiden. Zusammen mit den Bohnen, den Kräutern und dem Olivenöl mit dem Stabmixer in einem hohen Rührbecher oder mit der Küchenmaschine zerkleinern, bis eine homogene Konsistenz erreicht ist.

- Dann löffelweise das Bindemittel dazugeben und alles vermengen, bis die Masse formbar ist. Mit Salz, Pfeffer und Essig abschmecken.

- Aus der Masse Bratlinge formen. Ausreichend Fett in einer Pfanne erhitzen und die Bratlinge darin auf jeder Seite unter einmaligem Wenden 4 bis 5 Minuten knusprig braten, auf der zweiten Seite geht es meist schneller, da die Pfanne schon heiß ist.

Weitere Varianten →

Indisch beeinflusste Kichererbsen-Bratlinge

Zutaten   FÜR 4 BEILAGEN-PORTIONEN

2 EL Buchweizen • 1 mittelgroße rote Zwiebel • 230 g (Abtropfgewicht) gekochte Kichererbsen • 1 gehäufter EL Garam Masala • 1 Prise Kurkumapulver • 1 Schuss geschmacksneutrales Pflanzenöl • 3–4 EL Semmelbrösel oder Kichererbsenmehl • Salz • Essig • Sesam zum Wälzen • Fett zum Braten

Zubereitung

- Den Buchweizen in einer Pfanne ohne Fett rösten und beiseitstellen.

- Die Zwiebel schälen und in Würfel schneiden. Zwiebeln, Kichererbsen, Garam Masala, Kurkuma und Öl mit dem Stabmixer in einem hohen Rührbecher oder mit der Küchenmaschine zerkleinern, bis eine homogene Konsistenz erreicht ist.

- Dann löffelweise das Bindemittel (Semmelbrösel oder Kichererbsenmehl) dazugeben und alles vermengen, bis eine feste, formbare Konsistenz erreicht ist. Mit Salz und Essig abschmecken und den Buchweizen untermischen.

- Aus der Masse Bratlinge formen und in Sesam wälzen. Ausreichend Fett in einer Pfanne bei starker Hitze erhitzen und die Bratlinge darin auf jeder Seite unter einmaligem Wenden 4 bis 5 Minuten knusprig braten, auf der zweiten Seite geht es meist schneller, da die Pfanne schon heiß ist.

Maritime Lupinen-Algen-Bratlinge

Zutaten   FÜR 4 BEILAGEN-PORTIONEN

2–3 Frühlingszwiebeln • 200 g (Abtropfgewicht), gekochte Lupinen • 1 gestrichener EL getrockneter oder 1 Zweig frischer fein gehackter Dill • 1 gehäufter EL Hefeflocken • 1 gehäufter EL getrocknete Algenflocken • 1 Schuss geschmacksneutrales Pflanzenöl • 3–4 EL Semmelbrösel oder Kichererbsenmehl • Salz • Essig • Fett zum Braten

Zubereitung

- Frühlingszwiebeln putzen, waschen und in grobe Streifen schneiden.

- Mit den Lupinen, dem Dill, den Hefe- und den Algenflocken und einem Schuss Öl mit dem Stabmixer in einem hohen Rührbecher oder mit der Küchenmaschine zerkleinern, bis eine homogene Konsistenz erreicht ist.

- Dann löffelweise das Bindemittel (Semmelbrösel oder Kichererbsenmehl) dazugeben und alles vermengen, bis eine feste, formbare Konsistenz erreicht ist. Mit Salz und Essig abschmecken

- Aus der Masse Bratlinge formen und in Sesam wälzen. Ausreichend Fett in einer Pfanne bei starker Hitze erhitzen und die Bratlinge darin auf jeder Seite unter einmaligem Wenden 4 bis 5 Minuten knusprig braten, auf der zweiten Seite geht es meist schneller, da die Pfanne schon heiß ist).

Tipps

Braten: Unzählige Male habe ich von Leser*innen gehört, dass ihre Bratlinge bei der Zubereitung nicht die Konsistenz halten, darauf frage ich: „Wie oft hast du sie gewendet?" Einmal ist ideal! Doch weil man oft ungeduldig ist, malträtiert man Speisen manchmal unnötig mit dem Pfannenwender, bis sie jegliche Form verloren haben.

Crunch: Die Zugabe von geröstetem Buchweizen, Sesam, Mohn, Sonnenblumen- oder Kürbiskernen direkt vor dem Braten gibt den Bratlingen zusätzlich Biss.

Abwandlung (und das Lieblingsrezept) aus meinem Buch *Zero Waste Küche*: Hierfür wird altbackenes, in Scheiben geschnittenes Brot in etwas Wasser aufgeweicht und mit den Händen oder einer Küchenmaschine zu einer homogenen, noch leicht stückigen Masse verarbeitet. Dazu kommen Geschmackszutaten wie gehackte Zwiebeln, getrocknete Tomaten, frische oder getrocknete Kräuter, Kapern, Pilzstückchen – je nachdem, was der Kühl- oder Vorratsschrank hergibt. Daraus geformte Laibchen, also „Brotlinge", ebenso in der Pfanne mit ausreichend Fett knusprig braten. Schmecken warm und kalt!

Shortcut: Wenn es ganz schnell gehen muss, die Masse einfach in der Küchenmaschine zubereiten, die Zwiebel hierfür nur schälen, halbieren und sehr grob vorhacken und die Kräuter ganz mit hineingeben. Das dauert wirklich nur eine Minute!

Hülsenfrüchte: Natürlich ist es kostengünstiger und verpackungsfreundlicher Hülsenfrüchte in größeren Mengen (unverpackt) zu kaufen und selbst zu kochen. Wenn dafür aber keine Zeit ist, kann man sie auch gut als Konserve in der Dose oder im Glas kaufen. Die gängigen Mengen schwanken zwischen 200 g und 240 g Abtropfgewicht, das ist aber überhaupt kein Problem für das Rezept, man kann es auch mit einer Menge zwischen 200 g und 240 g umsetzen. Einfach dem Gefühl vertrauen! Zero-Waste-Tipp dabei: Das abgetropfte Aquafaba auffangen und anderweitig weiter verarbeiten (Seite 228).

Dips / Aufstriche

Ob aufs Brot, zu Gemüse, Bratlingen oder als Topping für Bowls – mit diesen Basisrezepten sind viele Variationen möglich.

Salsa verde

Salsa verde heißen in Italien alle Arten von grünen Kräutersaucen. Die bekannteste wird mit Petersilie, Knoblauch und Olivenöl hergestellt. Pikant wird das Ganze durch die Zugabe von Kapern und eingelegtem Gemüse, z. B. Essiggurken.

Zutaten

1 Knoblauchzehe, geschält • 2–3 Essiggurken oder entsprechende Menge anderes eingelegtes Gemüse, grob geschnitten • 1 gehäufter TL scharfer oder mittelscharfer Senf • 1 EL Kapern • 2–3 EL Gurkenwasser bzw. Einlegeflüssigkeit • 1 Bund Petersilie (ca. 50 g), gewaschen • 50 ml Olivenöl • Salz (optional)

Zubereitung

- Knoblauchzehe und Essiggurken/Pickles zusammen mit dem Senf, den Kapern und dem Gurkenwasser mit dem Stabmixer in einem hohen Rührbecher grob zerkleinern.

- Die Petersilie mit Stiel hinzufügen und weiter pürieren. Sobald die Masse eine homogene Konsistenz erreicht hat, das Öl langsam unter weiterem Pürieren zugießen. Ist das Öl vollständig unter den Dip gerührt, mit etwas Salz abschmecken.

Curry-Dip auf Tofu-Basis

Zutaten

100 g Tofu (z. B. Naturtofu, Räuchertofu oder Tofu mit Curry-Geschmack) • 1 Knoblauchzehe, geschält • 1–2 EL Pflanzenöl • 1–2 TL Currypulver • einige Blätter frische Kräuter (z. B. Basilikum oder Petersilie; optional) • Salz

Zubereitung

- Den Tofu mit etwas Wasser und den restlichen Zutaten mit dem Stabmixer in einem hohen Rührbecher zu einer cremigen Masse pürieren. Falls notwendig, noch mehr Flüssigkeit dazugeben. Den Dip abschmecken, ggf. nachwürzen und servieren.

Das Rezept für den Linsenaufstrich Hummus-Art (Schälchen ganz links) findest du auf Seite 166.

REZEPTE

Dressings

Hier findest du drei simple Grundrezepte für schnelle Salatdressings, aber natürlich passen Dressings außer zu Salaten auch zu vielen anderen Gerichten, z. B. zu Pfannen-, gedünstetem oder Ofengemüse, zu Bowls oder zu gekochtem Getreide. Die Rezepte sind als Basis gedacht, die sich vielfältig abwandeln lässt. Mehr zum Thema Gewürze findest du im entsprechenden Kapitel (Seite 134).

Klassische Vinaigrette

Zutaten

1 kleine oder ½ normal große Zwiebel • 2 EL Säure (Essig) • 6 EL Öl (Pflanzenöl) • 1 TL Senf (egal welche Sorte) • 1 Prise Zucker • etwas frische fein gehackte Kräuter (z. B. Schnittlauch, Petersilie, Minze) • Salz • Pfeffer aus der Mühle

Zubereitung

- Die Zwiebel schälen (die normal große halbieren) und in feine Würfel schneiden (Seite 100). In einer Schüssel mit der Säure (Essig) übergießen und mindestens 5 Minuten ziehen lassen (dies nimmt der Zwiebel die Schärfe).

- Danach die restlichen Zutaten dazugeben und alles gut verrühren. Ggf. mit mehr Salz und Pfeffer abschmecken und mit etwas Wasser verdünnen. Die Vinaigrette sofort servieren (nur frisch verwenden, da die Zwiebel bei Lagerung oxidiert, was den Geschmack beeinträchtigt).

Varianten

- Ohne Zwiebel. Diese Variante hält sich im Kühlschrank tagelang
- Statt Zwiebel mit fein geschnittenen Frühlingszwiebeln oder Lauch
- Statt Zucker mit Ahornsirup
- Mit fein gehackten Tomatenwürfeln
- Ölsorten variieren (z. B. mit Kürbiskern-, Hanföl)
- Essigsorten variieren (z. B. mit aromatischen wie Himbeeressig, Sherryessig etc.)

Weitere Varianten →

Tahina-Dressing mit Orange

Zutaten

1 Bio-Orange • 3 EL Tahina (Sesampaste) • 1 TL Senf • Salz • etwas Säure (Essig oder Zitronensaft; optional)

Zubereitung

- Die Orange heiß waschen, trocken reiben, die Schale abreiben und den Saft auspressen (Seite 96). Beides in einer Schüssel mit Tahina und dem Senf verrühren. Nach Bedarf etwas Wasser dazugeben, bis die gewünschte Konsistenz erreicht ist. Mit Salz und optional etwas Säure (Essig oder Zitronensaft) würzen und sofort servieren oder weiterverarbeiten.

Varianten

- Statt Orange mit etwas Apfelessig und frischen fein gehackten oder pürierten Kräutern
- Statt Orangenabrieb und -saft mit Zitronenabrieb und -saft
- Zusätzlich mit Dill und Knoblauch (z. B. für Zaziki anstelle der üblichen Joghurtsauce)
- Statt Tahina mit Erdnussbutter oder Mandelmus, das Mus mit Wasser mit dem Stabmixer in einem hohen Rührbecher zu einer homogenen Masse verrührt
- Mit etwas Pesto verrührt
- Mit etwas Ketchup oder Tomatenmark verrührt

Orangenreste-Sunshine-Dressing

Hier wird der Abrieb der Furcht verwendet, die Filets wandern in den Salat (Zitrusfrüchte filetieren, Seite 96), der Saft aus dem Rest der Frucht wandert ins Dressing.

Zutaten

1 Bio-Orange • 6 EL Öl (Pflanzenöl) • 1 TL Senf • Salz • Pfeffer • nach Belieben jeweils 1 Prise Kurkumapulver, Kreuzkümmelpulver, Zimtpulver • etwas Essig (optional)

Zubereitung

- Die Orange heiß waschen, trocken reiben, die Schale abreiben, das Fruchtfleisch filetieren und anderweitig (z. B. für einen Salat) verwenden. Den filetierten Rest der Orange mit den Händen gründlich in eine Schüssel auspressen (Seite 96).

- Mit dem Öl und dem Senf verrühren. Mit Salz und Pfeffer würzen. Falls der Geschmack zu intensiv ist oder die Konsistenz zu dickflüssig, etwas Wasser dazugeben. Ggf. mit Gewürzen und Essig abschmecken. Das Dressing entweder sofort servieren oder weiterverarbeiten.

Tipps

Konsistenz: Dressings sollten flüssig genug sein, sodass sie sich gut mit dem Salat vermischen lassen, aber auch nicht zu flüssig, sonst setzen sie sich auf dem Boden ab.

Essig-Öl-Basics: Bei einem klassischen Essig-Öl-basierten Dressing sollte das Säure-Öl-Verhältnis zwischen 1:2 und 1:3 liegen. Statt Essig kann natürlich auch der Saft von Zitrusfrüchten verwendet werden.

Nachhaltigkeit: Aus nachhaltiger Perspektive sind regionale Alternativen wie etwa Apfelessig sinnvoller als Zitrusfrüchte. Ich nehme im Alltag meistens Essig und nur ab und zu mal eine Zitrone oder Orange aus fairer Bio-Landwirtschaft. Und wenn, dann versuche ich wirklich alle Komponenten der Frucht zu verarbeiten (Abrieb, Fruchtfleisch, Saft).

REZEPTE

Mayonnaise

Pflanzliche Mayonnaise ist für mich als Mayo-Liebhaberin eine der simpelsten, günstigsten und gleichzeitig effektvollsten Alternativen zum Klassiker auf Ei-Basis. Schmeckt genauso, ist aber wesentlich nachhaltiger, weil kein Huhn dafür gezüchtet (und geschlachtet) wird und Eier legen muss, sondern wir uns sozusagen den Weg über das Tier sparen (und somit viel CO_2). Denn die Basis bilden lediglich zwei Grundzutaten: Sojamilch und Öl. Mit weiteren Zutaten können vielfältige Geschmacksrichtungen kreiert werden, wobei der Fantasie keine Grenzen gesetzt sind. Tobt euch ruhig aus! Ich persönlich LIEBE das Basisrezept mit einer Prise Zimt.

Mayo passt pur als Aufstrich, Dip oder Sauce oder (mit Wasser) verdünnt für Dressings. Nur die Menge sollte man im Auge behalten: Natürlich ist es nicht gesund, Mayonnaise täglich pur zu löffeln. Doch ab und zu und in normalem Maß ist perfekt, denn sie stellt eine köstliche Abrundung für viele Gerichte dar, schließlich ist Fett ein wichtiger Geschmacksträger.

Zutaten

150 g ungesüßte Sojamilch • 35 g Säure (Essig oder Zitronensaft) • 1 TL Salz • 300 g Öl (Pflanzenöl) • etwas Senf, Pfeffer aus der Mühle oder andere Geschmackszutaten nach Wahl zum Würzen

Zubereitung

- Die Sojamilch, die Säure (Essig oder Zitronensaft) und das Salz mit dem Stabmixer in einem hohen Rührbecher vermengen. Das Öl langsam dazugießen und so lange weiter mixen, bis eine cremige Konsistenz erreicht ist.

- Mit Senf, Pfeffer oder anderen Geschmackszutaten nach Wahl würzen. Die Mayonnaise entweder sofort servieren, weiterverarbeiten oder im Kühlschrank aufbewahren, dort hält sie bis zu 5 Tage.

Tipps

Öl: Außer für Aioli (Olivenöl) verwende ich am liebsten ein möglichst neutral schmeckendes Pflanzenöl zur Herstellung. Im Bio-Handel bekommt man dieses z. B. unter der Bezeichnung „Bratöl" (auf Raps- oder Sonnenblumenkernbasis). Nur weil „Bratöl" draufsteht, heißt das nicht, dass man es nur dafür verwenden darf.

Weitere Tipps und Varianten →

Mixen: Ich empfehle, wie angegeben, für die Zubereitung einen Stabmixer. Optimal sind dazu zwei hohe Rührbecher, einen für die Basiszutaten und einen (mit Griff) zum Zugießen des Öls. Manche Stabmixer haben spezielle Aufsätze: mit Messer zum Pürieren, mit Löchern zum Emulgieren. Der mit Löchern ist noch besser für Mayo, aber kein Muss, es klappt auch mit dem Messeraufsatz. Wer auf Workout steht, kann es natürlich mit dem Schneebesen und Muskelkraft versuchen, ich habe auch schon mal auf Reisen in einem Coffee-to-go-Becher eine (etwas flüssige) Mayo fabriziert. Einen Blender/Standmixer würde ich nur für größere Mengen empfehlen.

Haltbarkeit: Alle diese Mayonnaisen sind, wie angegeben, im Kühlschrank mindestens 5 Tage haltbar – wenn man einen sauberen Löffel zur Entnahme verwendet. Wenn sich die Farbe oder Konsistenz verändert, einfach den Umrühr-, Riech- oder Probiertest machen. Kommt einem dabei etwas seltsam vor, z. B. ein säuerlicher Geschmack, dann lieber weg damit.

Miso-Mayonnaise

Zutaten

1× Grundrezept Mayonnaise + mehr Essig oder Zitronensaft nach Bedarf •
1–2 EL Misopaste

Zubereitung

• Der Grundrezept-Mayonnaise 1 EL Misopaste zugeben und mit dem Stabmixer untermischen. Abschmecken und nach Geschmack die restliche Paste untermixen. Nach Bedarf mit etwas mehr Säure (Essig oder Zitronensaft) abrunden. Die Miso-Mayonnaise entweder sofort servieren oder im Kühlschrank aufbewahren, dort hält sie bis zu 5 Tage.

Remoulade

Zutaten

2–4 (je nach Größe) Essiggurken oder Cornichons oder anderes sauer eingelegtes Gemüse • 2–3 EL eingelegte Kapern • einige Zweige frische fein gehackte Kräuter (z. B. Dill, Petersilie, Schnittlauch) • 1× Grundrezept-Mayonnaise • Salz nach Bedarf • Pfeffer aus der Mühle nach Bedarf • Säure (Essig oder Zitronensaft) nach Bedarf

Zubereitung

- Essiggurken oder anderes sauer eingelegtes Gemüse und Kapern in feine Würfel bzw. klein schneiden. Beides mit den Kräutern unter die Grundrezept-Mayonnaise mischen. Nach Bedarf mit Salz, Pfeffer und mehr Säure (Essig oder Zitronensaft) abschmecken. Die Remoulade entweder sofort servieren oder im Kühlschrank aufbewahren, dort hält sie bis zu 5 Tage.

Tahina-Mayonnaise

Zutaten

150 g Sojamilch + mehr nach Bedarf • 150 g Tahina (Sesampaste) • 1–2 EL Essig • Salz

Zubereitung

- Die Sojamilch und Tahina mit dem Stabmixer in einem hohen Rührbecher vermengen, bis eine cremige Konsistenz erreicht ist. Falls die Konsistenz zu fest wird, etwas mehr Sojamilch dazugeben. Mit dem Essig und Salz würzen. Die Mayonnaise entweder sofort servieren oder im Kühlschrank aufbewahren, dort hält sie bis zu 5 Tage.

Aioli

Zutaten

1 Knoblauchzehe • 35 g Zitronensaft + mehr nach Bedarf • 1 TL Salz • 150 g Sojamilch + mehr nach Bedarf • 300 g Olivenöl

Zubereitung

- Den Knoblauch schälen und klein schneiden. Mit den restlichen Zutaten bis auf das Öl mit dem Stabmixer in einem Rührbecher vermengen. Das Öl langsam dazugießen und so lange weiter mixen, bis eine cremige Konsistenz erreicht ist. Mit dem Salz würzen und nach Bedarf mehr Zitronensaft abschmecken. Die Aioli entweder sofort servieren oder im Kühlschrank aufbewahren, dort hält sie bis zu 5 Tage.

REZEPTE

Helle Mehlschwitze

Mehlschwitze ist eine der einfachsten Grundsaucen, die sich schnell aus wenigen Grundzutaten zubereiten lässt.

Sie wird aus Fett, Weizenmehl und Flüssigkeit hergestellt (Milch, Brühe, Fond). Ich verwende dafür pflanzliche Margarine oder Öl mit neutralem Geschmack (kein Olivenöl). Traditionell nimmt man Weizenmehl, glutenfreie Varianten können mit Maisstärke oder Kartoffelmehl zubereitet werden.

Als Flüssigkeit wähle ich meist pflanzliche Milch (z.B. Hafermilch) und/oder Gemüsebrühe und zum Würzen klassisch Salz, geriebene Muskatnuss und nach Geschmack etwas Pfeffer. Du kannst aber auch andere Gewürze dazugeben. Je nachdem für welches Gericht du sie verwenden willst.

> Traditionell wird Ofengebackenes wie Lasagne und Aufläufe mit Mehlschwitze plus Käse zubereitet, ich lasse den Käse einfach weg – auch nur mit dieser Sauce schmeckt es trotzdem fantastisch.

Eine Variante der Mehlschwitze ist die braune Mehlschwitze. Für ein dunkleres Farbergebnis wird die Fett-Mehl-Mischung länger angeschwitzt, bis sie einen mittleren Braunton erreicht und nach Röstaromen duftet. Danach wird wie bei der hellen Mehlschwitze die Flüssigkeit eingerührt. Braune Mehlschwitzen werden traditionell verwendet, um dicke Suppen und Eintöpfe anzudicken, beispielsweise schwäbischen Linseneintopf.

Tipps

Mengenangaben: Hier findest du ein Grundrezept mit Mengenangaben, ich möchte dich aber dazu ermutigen, nach einigen Versuchen mal deinem Gefühl zu vertrauen. Ich mache Mehlschwitze grundsätzlich nach Augenmaß – trau dich!

Klümpchen: Die größte Hemmschwelle für viele ist die Angst, dass bei der Zubereitung Klümpchen entstehen. Selbst wenn das passiert, kann man diese ganz einfach entfernen: Entweder mit einem Stabmixer oder indem man die Sauce durch ein Sieb streicht. Immer kalte Flüssigkeit verwenden. Warme bindet zwar schneller, aber dann muss man auch (noch) schneller rühren, das begünstigt die Klümpchenbildung. Mit einem Schneebesen statt einem Kochlöffel rühren!

Zur Zubereitung →

Zutaten

50 g Fett • 50 g Mehl • 0,5 l Flüssigkeit • Salz • geriebene Muskatnuss •
nach Bedarf mehr Flüssigkeit • nach Belieben Pfeffer oder andere Gewürze

Zubereitung

- Das Fett bei mittlerer Temperatur in einem Topf zerlassen. Das Mehl hinzufügen und gut mit einem Schneebesen verrühren, bis sich alle Klümpchen aufgelöst haben. Anschwitzen lassen.

- Sobald die Mehlschwitze ein bisschen krümelig geworden ist, ist sie perfekt. Nach und nach die kalte Flüssigkeit hinzufügen und immer feste rühren, bis alle Klümpchen verschwunden sind.

- Aufkochen lassen und weiterrühren, bis die Sauce schön andickt. Nun noch 10 Minuten köcheln lassen, damit der Mehlgeschmack verschwindet und am Ende mit Salz, Muskat und weiteren Gewürzen abschmecken. Die Sauce kann nun nach Belieben weiterverarbeitet werden.

Meine absoluten Lieblings-kombinationen

→ Gebratener Radicchio und geröstete Walnüsse
→ Kartoffelbrei mit karamellisierten Zwiebeln und fein geriebenem Fenchel
→ Linsensalat mit Roter Bete, Thymian und veganem Feta
→ Apfelspalten mit Erdnussmus
→ ...

Bolognese

Eines der Gerichte, die sich völlig problemlos fleischfrei umsetzen lassen. Hier findest du gleich zwei Varianten in einem Rezept: einmal mit Sonnenblumenkernen und einmal mit Sojahack. Reine Geschmackssache, beides köstlich!

Zutaten FÜR 4 GROSSE PORTIONEN

100 g Sonnenblumenkerne (Variante: 50 g getrocknetes Sojahack) • 1–2 mittelgroße Zwiebeln • 1 Knoblauchzehe • 1–2 Karotten • ¼ Sellerieknolle oder 2–3 Staudenselleriestangen • Olivenöl zum Braten • etwas frischer fein gehackter oder getrockneter Thymian • etwas frischer fein gehackter oder getrockneter Oregano • etwas frischer fein gehackter oder getrockneter Rosmarin • 1 Lorbeerblatt • 1 Schuss Weiß- oder Rotwein (optional) • 400 g passierte Tomaten (aus der Dose) • Salz • Essig zum Würzen (optional)

Zubereitung

- Die Sonnenblumenkerne bzw. das Sojahack mit heißem Wasser übergießen und 10 Minuten quellen lassen bzw. einweichen. Währenddessen das Gemüse schälen und in kleine Würfel schneiden. Die Sonnenblumenkerne oder das Sojahack in ein Sieb abgießen, die Sonnenblumenkerne mit dem Stabmixer in einem hohen Rührbecher nur grob pürieren, sodass die Konsistenz noch stückig ist.

> Am Zubereitungstag mehr Kochzeit einplanen (und dann einfach nebenher andere Dinge tun).

- Einen ordentlichen Schuss Olivenöl in einem großen Topf erhitzen. Das Gemüse darin bei mittlerer Hitze etwa 5 Minuten anschwitzen, die Sonnenblumenkerne bzw. das Sojahack dazugeben und alles mit den Kräutern würzen. Weiter anschwitzen, bis sich Röstaromen und am Boden des Topfes eine leichte braune Kruste bilden.

- Die Masse optional mit dem Wein ablöschen und nochmals einige Minuten einkochen lassen, dann die passierten Tomaten hinzufügen; falls kein Wein verwendet wird, die Tomaten direkt dazugeben. Die Dose mit Wasser ausschwenken und dieses ebenfalls dazugießen. Die Sauce mit geschlossenem Deckel bei schwacher Hitze köcheln lassen, mindestens 30 Minuten oder solange es die Zeit erlaubt: Je

Fortsetzung →

länger, desto intensiver wird das Aroma (die Empfehlung italienischer Hausfrauen sind 3 Stunden!). Währenddessen ab und zu umrühren und probieren. Zuletzt mit Salz und optional mit Essig abschmecken. Die fertige Bolognese direkt mit Pasta servieren oder weiterverarbeiten.

Tipps

Einweichen: Sowohl die Sonnenblumen- als auch die Sojahack-Variante funktionieren auch ohne vorheriges Einweichen, aber mit klappt's besser.

Meal Prep: Am besten gleich mindestens die doppelte Menge kochen und dann einfrieren oder einwecken. Oder eine große Auflaufform Lasagne daraus bereiten (unter Verwendung der Mehlschwitze Seite 193) und davon die Hälfte einfrieren.

Weiterverwendung: Die Bolognese-Basis eignet sich hervorragend zum Füllen und Überbacken von Gemüse wie Zucchini, Aubergine, Paprika, Kohlrabi, Kürbis usw. Das, was beim Aushöhlen des Gemüses anfällt, wandert direkt mit in die Bolo.

Improvisation: Sind keine passierten Tomaten im Haus, eine Basis aus Tomatenmark und Wasser herstellen. Dazu eine großzügige Menge Tomatenmark mit dem Gemüse anrösten und mit Wasser oder Gemüsebrühe aufgießen, sodass eine tomatige Basis entsteht. Es klappt auch mit Tomatensaft, dann muss die Sauce allerdings etwas länger einkochen.

Gemüse: Beim Gemüse flexibel arbeiten, z. B. anderes Wurzelgemüse wie Petersilienwurzel, Pastinake oder etwas Rote Bete verwenden. Die Bete macht die Farbe noch intensiver.

Auberginen-Kartoffel-Auflauf

Dieses Rezept ist inspiriert vom griechischen Nationalgericht Moussaka, allerdings verwende ich der Einfachheit halber das Bolognese-Grundrezept, das etwas anders gewürzt und zubereitet wird.

Zutaten FÜR 4 PORTIONEN

1 × Grundrezept Mehlschwitze (Seite 193) • 500 g Kartoffeln • etwas Olivenöl • Salz • etwas getrockneter Thymian • 2–3 Auberginen • 1 × Grundrezept Bolognese (Seite 197)

Zubereitung

- Die Mehlschwitze etwas dickflüssiger anrühren, also einfach etwas weniger Flüssigkeit verwenden, als im Grundrezept angegeben.

- Den Backofen auf 180 °C Ober-/Unterhitze vorheizen. Die Kartoffeln schälen (Bio-Kartoffeln können auch, gut gewaschen, mit Schale verwendet werden) und in etwa 0,5 cm dicke Scheiben schneiden. In einer Schüssel mit etwas Olivenöl, Salz und Thymian vermischen. Eine große Auflaufform mit Olivenöl einfetten. Die Kartoffeln darin verteilen und im Ofen auf der mittleren Schiene 20 Minuten garen.

- Die Auberginen putzen, waschen und ebenfalls in dünne Scheiben schneiden. Die Scheiben mit Olivenöl beträufeln und mit Salz sowie Thymian würzen (dabei gerne die gleiche Schüssel verwenden, das spart Abwasch!). Auf den Kartoffeln verteilen und alles im Ofen auf der mittleren Schiene weitere 20 Minuten garen.

- Die Hälfte der Mehlschwitze mit der Bolognese vermengen (so bekommt der Auflauf mehr Festigkeit und lässt sich besser schneiden und servieren) und über das vorgegarte Gemüse gießen. Die restliche Mehlschwitze darüber verteilen und mit einem Teigschaber gleichmäßig verstreichen. Anschließend den Auflauf im Ofen auf der mittleren Schiene 25 bis 30 Minuten backen bzw. bis sich eine goldbraune Kruste bildet.

- Den Auflauf herausnehmen und mindestens 15 Minuten abkühlen lassen, so lässt er sich besser schneiden. Dann servieren, z. B. mit einem grüner Salat.

Tipp

Abwandlung: Nach dem gleichen Prinzip funktioniert auch Lasagne. Statt Kartoffel- und Auberginenscheiben einfach Teigblätter schichten. Oder alternativ anderes Gemüse verwenden.

Tomatensauce

Ein Grundrezept, viele Verwendungsmöglichkeiten: ob auf Pizza, zu Pasta oder als herzhafte Suppe, mit Einlage oder ohne. Bleibt dabei dennoch ein Rest, wandert dieser einfach zur Verfeinerung in den nächsten Eintopf.

Zutaten ALS BELAG FÜR 1 BLECH PIZZA / ALS SAUCE FÜR 2 PORTIONEN NUDELN

400 g ganze, stückige oder passierte Tomaten (aus der Dose) • 2 mittelgroße Knoblauchzehen • 1 mittelgroße gelbe Zwiebel • 2 EL Olivenöl • 1 TL getrockneter Oregano • 1 Prise getrocknete Chiliflocken (optional) • Salz • 2 TL getrocknetes oder 2 Zweige frisches Basilikum • 1 TL Zucker

Zubereitung

- Falls ganze Tomaten verwendet werden, diese mit dem Stabmixer grob zerkleinern, sodass noch kleine Stückchen bleiben.

- Den Knoblauch schälen und am besten mit einer feinen Reibe zerkleinern (siehe Küchengeräte, Seite 67); wenn nicht vorhanden, fein hacken. Die Zwiebel schälen und halbieren.

- Das Olivenöl in einem mittelgroßen Topf erhitzen und den Knoblauch mit Oregano, Chiliflocken, falls verwendet, und 1 ordentlichen Prise Salz darin unter ständigem Rühren 3 Minuten anschwitzen, sodass sich Aroma entwickelt, aber nichts anbrennt. Tomaten, Basilikum, Zwiebelhälften und Zucker unterrühren und alles bei möglichst schwacher Hitze mindestens 30 Minuten köcheln lassen, es sollten sich dabei kaum Blasen an der Oberfläche bilden.

- Die Zwiebelhälften herausnehmen und die Sauce ggf. mit mehr Salz abschmecken. Entweder sofort servieren oder für später aufbewahren. In einem sauberen, verschlossenen Behälter hält die Tomatensauce im Kühlschrank bis zu 2 Wochen, tiefgefroren locker 1 Jahr.

Tipp

Zero Waste: Die Zwiebelhälften werden nur fürs Aroma mitgekocht. Ich verwende sie einfach in anderen Rezepten weiter, z. B. direkt als Belag auf der Pizza, in einer Suppe oder gebe sie mit in Gemüsegerichte.

Pizza

Wer Tomatensauce hat (vorherige Seite), kann auch gleich Pizza machen. Was sonst noch drauf kommt, kann jede*r nach Lust und Laune selbst entscheiden, hier ein paar Inspirationen für den Belag sowie drei Pizza-Basis-Varianten. Da ist für jeden Zeitplan und jede Schwierigkeitsstufe etwas dabei!

Ideen für den Belag

Vor dem Backen: rohes oder kurz angebratenes Gemüse (z. B. Zucchini, Auberginenscheiben), Pilze, Blattspinat, dünne Kartoffel-/Süßkartoffel-/Kürbisscheiben, ganze Cocktailtomaten, Oliven, Kapern, eingelegte Ananas, Rosmarin, Salbei, Oregano, Artischocken, getrocknete Tomaten, Zwiebeln (z. B. die aus der Tomatensauce, Seite 202) etc.

Kurz vor Ende der Backzeit bzw. danach: frische Basilikumblätter, ein paar Löffel Pesto, Walnüsse, Pistazien, Pinienkerne, Rucola, frische Minzblätter, Avocadostücke, aromatisiertes Öl (z. B. Knoblauch- oder Trüffelöl), fein geschnittene Frühlingszwiebeln, Mandelsauce (Mandelmus mit Wasser, Hefeflocken und Knoblauch verrührt) etc.

Tipp

Backen: Besonders knusprig wird die Pizza, wenn man einen Pizzastein verwendet. Diesen schon beim Vorheizen mit in den Ofen geben. Um die Pizza auf den Stein zu bekommen, benutze ich entweder ein gut mit Hartweizengrieß bestreutes Brett zum Transfer oder Backpapier, das ich einfach mitsamt der Pizza darauf auf den Stein lege.

Faulenzer-Pizza aus Fladenbrot

Zutaten   FÜR 2 PIZZEN

2 arabische Fladenbrote (Chubz; türkischer/arabischer Supermarkt oder Bäckerei) • ½ × Grundrezept Tomatensauce (Seite 202) • Belag nach Wahl

Zubereitung

• Den Backofen auf 180 °C Ober-/Unterhitze vorheizen.

Fortsetzung →

- Die Fladenbrote zuerst mit der Tomatensauce bestreichen und dann mit dem Belag nach Wahl belegen. Da die Fladen schon gebacken sind, eignen sich Beläge, die nicht lange brauchen, wie sehr dünn geschnittenes oder vorgegrilltes Gemüse, Oliven, Tomaten.

- Die Pizza im Ofen auf der mittleren Schiene so lange überbacken bzw. backen, bis der Belag leicht gebräunt ist, ansonsten wird das Brot hart. Die Pizzen anschließend herausnehmen und servieren.

Pizza mit Hefeteig

Zutaten   FÜR 4 PIZZEN (26 CM DURCHMESSER)

500 g Weizenmehl Type 550 • 3 TL Salz • ½ Würfel Hefe oder 1 Päckchen Trockenhefe (7 g) • 100 g Hartweizengrieß oder Weizenmehl Type 550 • Belag nach Wahl

Zubereitung

- Das Mehl in einer großen Schüssel mit dem Salz vermengen. Die frische Hefe darüberbröseln oder die Trockenhefe darüberstreuen. 350 g Wasser abwiegen und bereitstellen. Etwas davon dazugeben und mit dem Knethaken des Handrührgeräts, der Küchenmaschine oder purer Muskelkraft verkneten. Nach und nach das restliche Wasser dazugießen und frohen Mutes kneten. Dann mindestens 5 Minuten weiterkneten, bis der Teig elastisch ist und leicht vom Haken bzw. von der Hand geht. Mit einem angefeuchteten Geschirrtuch zugedeckt an einem warmen Ort 1 Stunde gehen lassen.

- Den Backofen auf 200 °C Ober-/Unterhitze vorheizen. Den Teig in vier Portionen teilen. Etwas Hartweizengrieß oder Mehl auf die Arbeitsfläche streuen und jede Teigportion darauf mit runden Bewegungen „wirken", also nochmals gut rund kneten. Jeden Teigball in die Hand nehmen, mit drehenden Bewegungen in der Mitte flach drücken und so einen Rand formen. Auf der Arbeitsfläche flach drücken und nach außen dehnen bzw. ziehen, bis die erwünschte Größe und Form erreicht ist. Die Pizzaböden mit dem Belag nach Wahl belegen.

- Die Pizzen im Ofen auf der mittleren Schiene etwa 10 bis 20 Minuten oder so lange backen, bis der Rand goldbraun ist. Die Backdauer kann stark variieren, z. B. je nach Backofen oder je nachdem, ob man einen Pizzastein verwendet (kürzere Backzeit) oder nicht (längere). Deshalb das gute Stück einfach im Auge behalten und nicht zu weit in die Ferne schweifen, dann kann nichts schiefgehen. Die Pizzen anschließend herausnehmen und servieren.

Pizza mit Sauerteig

Zutaten FÜR 4 PIZZEN (26 CM DURCHMESSER)

500 g Weizenmehl Type 550 + mehr zum Arbeiten • 12 g Salz • 150 g aktives Weizensauerteig-Anstellgut • Öl zum Einfetten • Belag nach Wahl

Zubereitung

- 280 g Wasser und das Mehl in eine große Schüssel wiegen. Mit den Knethaken des Handrührgeräts, der Küchenmaschine oder purer Muskelkraft so lange kneten, bis alles Mehl gebunden ist. Den Teig abgedeckt 30 Minuten ruhen lassen.

- Das Salz und das Sauerteig-Anstellgut dazugeben und alles auf Stufe 1 der Küchenmaschine 5 Minuten oder entsprechend gleich lange mit der Hand kneten. Anschließend die Geschwindigkeit der Küchenmaschine erhöhen und weiter kneten, bis sich der Teig elastisch von der Schüsselwand löst. Um zu testen, ob der Teig fertig ist, die Maschine abstellen und ihn nach 1 Minute mit angefeuchteten Fingern auseinanderziehen, um die Elastizität zu prüfen: Lässt er sich dünn ausziehen, ist er fertig geknetet.

- Den Teig auf eine leicht befeuchtete Arbeitsfläche geben, eine Kugel formen und in einer leicht eingeölten Schüssel abgedeckt bei Zimmertemperatur 1 Stunde ruhen lassen.

- Anschließend in vier Portionen (à etwa 240 g) aufteilen und mit den Händen zu Kugeln formen. Der Teig sollte so elastisch sein, dass dafür kein Mehl benötigt wird, ein Teigblatt hilft. Die Portionen können entweder gleich verarbeitet oder im Kühlschrank 1 bis 2 Tage gelagert werden. Die Teigkugeln zum Formen leicht bemehlen und mit den Händen vorsichtig auseinanderziehen und -drücken. Die Pizzaböden mit dem Belag nach Wahl belegen.

- Die Pizzen im Ofen bei 200 °C Ober-/Unterhitze auf mittlerer Schiene so lange backen, bis der Rand schön braun ist. Anschließend herausnehmen und servieren.

Sahnesauce

Um cremige Saucen auf pflanzlicher Basis herzustellen, braucht man keine verzehr-fertigen veganen Ersatzprodukte, man kann sie auch ganz einfach selber machen, und das mit nur wenigen Zutaten aus dem Vorratsschrank.

Sahnesauce – Die Aufwendigere

Die (etwas) aufwendigere Sauce basiert auf Kokosmilch, die man schnell selbst aus Kokosflocken herstellen kann. Der Geschmack der Sauce ist natürlich etwas spezi-fischer und scheint auf den ersten Blick nicht zu allen Gerichten zu passen, nach meiner Erfahrung sind aber oft andere Zutaten so dominant, dass selbst die Pilz-Sahnesauce-Variante (Seite 210) damit möglich ist. Hier als Grundprinzip das Beispiel-rezept einer Curry-Spinat-Sahnesauce, man kann aber genauso andere Zutaten statt Curry-Spinat verwenden, etwa anderes Gemüse, Seitan oder Tofuschnetzel.

Zutaten

100 g Kokosflocken • 2–3 Handvoll Blattspinat oder nicht mehr ganz frischer Rucola, Mangold, Radicchio • 1 Knoblauchzehe • 2 EL Öl (z. B. Kokosöl oder neutrales Pflanzenöl/Bratöl) • 2 TL Currypulver • Salz • Säure (Essig oder Zitronensaft) zum Würzen (optional)

Zubereitung

- Die Kokosflocken im Mixbehälter des Blenders oder einem hohen Rührbecher mit 300 ml kochendem Wasser übergießen. Geht einfach, wenn man den Mix-behälter direkt auch die Waage stellt und beides hineinwiegt. Die Flocken darin 10 Minuten einweichen.

- Währenddessen den Spinat verlesen und waschen, grobe Stiele entfernen, andere Gemüse entsprechend vorbereiten. Den Knoblauch schälen und hacken.

- Die Kokosmischung im Blender oder mit dem Stabmixer im Rührbecher pürieren, bis eine cremig-flüssige Konsistenz erreicht ist, dabei nach Bedarf mehr Flüssigkeit dazugeben. Entweder durch ein feines Sieb, ein Küchentuch oder einen Nussbeu-tel streichen, um verbleibende Stückchen zu entfernen und ein feines Ergebnis

Fortsetzung →

zu bekommen. Oder den Schritt auslassen und die Mischung ohne Sieb direkt verwenden; mit Fruchtfleisch bekommt das Gericht mehr Biss.

- Das Öl in einer tiefen Pfanne erhitzen und den Spinat oder anderes Gemüse mit dem Knoblauch darin 2–3 Minuten andünsten. Das Currypulver unterrühren. Mit der Kokosmilch ablöschen und die Sauce bei schwacher Hitze ein paar Minuten köcheln lassen.

- Die Sauce mit Salz und Säure (Essig oder Zitronensaft) würzen und servieren. Sie passt super zu Nudeln, Reis oder anderem gekochten Getreide.

Tipp

Zero Waste: Den bei der Herstellung der feinen Kokosmilch abgetropften Kokosrest kann man z.B. für Porridge, Overnight Oats oder Smoothies verwenden.

Sahnesauce – Die Schnelle

Die schnelle Sauce basiert auf Tahina oder einem anderen hellen Nussmus. Man benötigt nur eine kleine Menge Tahina oder Nussmus, das noch dazu äußerst protein- und nährstoffreich ist. Hier als Grundprinzip das Beispielrezept einer Pilz-Sahnesauce, man kann aber genauso andere Geschmackszutaten hinzufügen, wie etwa nur Zwiebeln, anderes Gemüse, Seitan oder Tofuschnetzel.

Zutaten

1 mittelgroße Zwiebel • 250 g Champignons • 2–3 EL Bratöl oder Olivenöl • 1 Schuss Wein (optional) • ca. 300 g Gemüsebrühe oder Wasser • 3–4 EL Tahina (Sesampaste) oder Nussmus (z.B. weißes Mandelmus, Cashewmus) • Salz • Pfeffer

Zubereitung

- Die Zwiebel schälen, halbieren und in Würfel schneiden (Seite 100).

- Die Pilze putzen, falls nötig, trocken abreiben und je nach Größe halbieren oder vierteln. Das Öl in einer tiefen Pfanne erhitzen und die Zwiebel darin bei mittlerer Hitze 5 Minuten unter Rühren andünsten.

- Die Pilze dazugeben und weitere 5 Minuten anbraten, bis sie weich, aber noch bissfest sind. Auf mittlere Hitze erhöhen und alles leicht anbräunen, sodass sich Röstaromen entwickeln.

- Mit dem Wein, falls verwendet, und mit Wasser oder Gemüsebrühe ablöschen, dabei nur so viel Flüssigkeit angießen, dass die Pilz-Zwiebel-Masse gut bedeckt ist. Einige Minuten einkochen lassen.

- Dann Tahina oder Nussmus dazugeben, den Herd ausschalten und die Sauce mit einem Kochlöffel oder einem Pfannenwender gut verrühren, sodass sich alles gut verbindet. Ist sie zu dick, etwas mehr Flüssigkeit dazugeben; ist sie zu flüssig, den Herd wieder einschalten und die Sauce bei mittlerer Hitze noch etwas länger einkochen lassen.

- Die Sauce mit Salz und Pfeffer würzen und servieren. Sie passt super zu Nudeln oder auch zu Knödeln, etwa Semmelknödel aus Brotresten.

REZEPTE

Bratensauce

Ein schlauer Mensch hat mal gesagt: „In jede Bratensauce gehört Gemüse. Wenn du weniger Fleisch hast, nimm mehr Gemüse, wenn du kein Fleisch hast, nimm nur Gemüse." Da es aber in meiner Küche kein Fleisch gibt, kommen beide Saucen-varianten ohne Tierisches aus – und schmecken trotzdem köstlich! Und zwar am besten zu Knödeln, Kartoffeln und (möglichst ganz) falschen Hasen sowie allen veganen Braten-Alternativen.

Bratensauce – Die Aufwendigere

Diese Sauce ist eigentlich ein Jus, also französisch „Saft" oder wie mein Vater zu sagen pflegt: „Ein feines Safterl." Hierfür wird eine Essenz aus viel Wurzelgemüsen und Gewürzen gekocht. Dauert länger, lohnt sich aber ungemein!

Zutaten

200 g Karotten • 200 g Knollensellerie • 200 g Zwiebeln • 200 g Pastinaken • 200 g Lauch • 1 Knoblauchzehe • 3 Lorbeerblätter • 2 Gewürznelken • 1 TL Pfefferkörner • 1 TL Wacholderbeeren • 1 TL Pimentkörner • etwas Paprikapulver • Öl zum Anbraten • 50 g Tomatenmark • 1 großzügiger Schuss Rotwein • Salz

Zubereitung

- Das Gemüse ggf. putzen, waschen und schälen und in etwa 3 cm große Würfel schneiden. Die Gewürze bis auf den Paprika in einem Mörser grob zerstoßen.

- Etwas Öl in einem großen Topf erhitzen und Karotten, Sellerie und Pastinaken darin bei starker Hitze anbraten. Zwiebeln und Knoblauch zugeben und ebenfalls mit anbraten. Sobald sich am Topfboden eine braune Kruste bildet, das Tomatenmark und den Wein so unterrühren, dass sich die Kruste vom Topfboden löst; dadurch entstehen Röstaromen. Den Lauch, die zerstoßenen Gewürze und etwas Paprikapulver für die Farbe unter kräftigem Rühren mit anbraten. Diesen Vorgang von Aufgießen und Anbraten noch zwei- bis dreimal mit etwas Wasser wiederholen.

Fortsetzung →

- 2 l kaltes Wasser dazugießen, alles einmal kräftig aufkochen und bei schwacher Hitze etwa 1 Stunde köcheln lassen. In ein Sieb abgießen und den aufgefangenen Jus mit 1 Prise Salz abschmecken. Falls ein dickflüssigeres Ergebnis gewünscht wird, kann der Jus noch bei schwacher Hitze reduziert werden.

Tipps

Abwandlung: Neben den angegebenen Gemüsen auch Petersilienstängel, Kräuter nach Wahl, Petersilienwurzel, Abschnitte von Paprika oder von anderem Gemüse mitverarbeiten. Welches sich grundsätzlich gut für Brühe oder Sauce eignet, siehe Rezept „Kräftige Brühe" (Seite 159).

Zero Waste: Die meisten Köch*innen entsorgen die ausgekochten Gemüsestücke, nachdem die „ihr Soll" erfüllt haben, zugegebenermaßen geht der Großteil des Geschmacks in die Sauce. Was allerdings gut funktioniert, ist, die ausgekochten Gemüsestücke zu pürieren und im Verhältnis 1:1 mit Kartoffelpüree zu servieren. Hat eine etwas gewöhnungsbedürftige Farbe *(siehe Foto)*, schmeckt aber sehr lecker!

Bratensauce – Die Schnelle

Diese Sauce kommt mit wenigen Zutaten aus: Zwiebeln, Süße und Sojasauce: Der perfekte Umami-Geschmack! Inspiriert ist sie von meiner Mentorin und Betreiberin des *BioGourmetClub* in Köln, *Mayoori Buchhalter*.

Zutaten

4 EL Süßungsmittel (Reismalz, Agavensirup oder Rohrohrzucker) • 10 mittelgroße braune Zwiebeln • Öl zum Braten • 10 EL Sojasauce + mehr nach Bedarf • Salz

Zubereitung

- Das Süßungsmittel (Reismalz, Agavensirup oder Rohrohrzucker) in 2 EL heißem Wasser auflösen. Die Zwiebeln schälen, in große Stücke schneiden und in etwas Öl bei starker Hitze anbraten, bis sie bräunen. Das Süßungsmittel dazugeben, die Zwiebeln 3 bis 4 Minuten köcheln lassen und karamellisieren.

- Die Sojasauce hinzufügen und alles weitere 2 Minuten köcheln lassen. Mit etwa 300 ml Wasser ablöschen und die Mischung bei schwacher Hitze 20 Minuten weiterköcheln lassen. Anschließend pürieren, mit Salz würzen und ggf. mit mehr Sojasauce abschmecken.

Crumble

Crumble ist wie Streuselkuchen, nur ohne den Kuchen darunter und Crumble ist für mich die schnellste und einfachste Möglichkeit, um aus schon leicht müden Obst- oder Kompottvorräten plus dem Dream-Team Mehl-Zucker-Fett ein köstliches Dessert zu zaubern. Obwohl, wer sagt, dass man Crumble nur als Nachtisch essen kann? Er schmeckt zu jeder Tages- und Nachtzeit, ich spreche aus eigener Erfahrung.

Zutaten   FÜR 2 GROSSE ODER 4 DESSERT-PORTIONEN

2–3 mittelgroße Birnen • 100 g gekühlte pflanzliche Margarine, gewürfelt • 200 g Mehl • 100 g Zucker • etwas Zimtpulver (optional)

Zubereitung

- Den Backofen auf 200 °C Ober-/Unterhitze vorheizen.

- Die Birnen waschen, vierteln, Kerngehäuse entfernen und in Scheiben schneiden und diese in einer feuerfesten Pfanne oder Auflaufform verteilen.

- Die Margarine mit dem Mehl und dem Zucker in einer Schüssel mit den Händen zu Streuseln zerkrümeln und diese großzügig und gleichmäßig über dem Obst verteilen.

- Den Crumble im Ofen auf der mittleren Schiene etwa 20 Minuten backen oder so lange, bis die Streusel leicht gebräunt sind und die Früchte saftig blubbern.

- Anschließend herausnehmen, einige Minuten abkühlen lassen und servieren. Zum Beispiel mit einem Löffel Joghurt, Vanillesauce oder einer Kugel Eis, das schmeckt alles super dazu!

Tipps

Varianten: Statt Birnen kann man auch wunderbar Äpfel, Rhabarber oder (TK-)Beeren (im Winter TK-Beeren oder Kompott) verwenden. Oder Kombinationen wie Apfel-Brombeere oder Erdbeere-Rhabarber.

Meal Prep: Bleibt etwas Streusel-Mischung übrig oder bereitet man gleich gezielt eine größere Menge, kann man bequem jederzeit darauf zurückgreifen. Denn sie hält sich im Kühlschrank in einem Glas locker 3 bis 4 Wochen, im Tiefkühlfach quasi unendlich lang.

Zero Waste: Zerbröselte (Weihnachts-)Gebäckreste oder Müslireste zur Streuselmischung geben.

Rührteig-Kuchen

Dieses Rezept lässt sich vielfältig variieren: Ob unter Zugabe von frischen oder eingelegten Früchten (z. B. Kirschen, Beeren etc.), mit Schokostückchen oder klassisch als Marmorkuchen (wie im Rezept unten). Apfelmus sorgt für Saftigkeit, Natron für Lockerung. Die Mengenangaben sind alle in Gramm wie in der Gastronomie üblich.

Zutaten FÜR 1 KASTENFORM (30 × 12 CM) / 1 SPRINGFORM (26 CM DURCHMESSER)

Pflanzenmargarine zum Einfetten der Form • 300 g Zucker • 235 g Apfelmus • 265 g pflanzliche Milch • 210 g neutrales Pflanzenöl • 22 g Essig • 465 g Weizenmehl • 5 g Backpulver • 3 g Natron • 1 Prise Salz • 3 EL ungesüßtes Kakaopulver für die Variante Marmorkuchen • 2 EL Wasser oder Rum für die Variante Marmorkuchen nach Bedarf • Puderzucker zum Bestäuben (optional)

Zubereitung

* Den Backofen auf 180 °C Ober-/Unterhitze vorheizen. Die Form mit etwas Margarine einfetten.

* Zucker, Apfelmus, pflanzliche Milch, Olivenöl und Essig in einer großen Schüssel verrühren. Die trockenen Zutaten (Mehl, Backpulver, Natron, Salz) in die Schüssel sieben und alles mit einem großen Löffel oder Teigschaber vermengen.

* Für die Marmorkuchen-Variante nur die Hälfte des Teiges in der Form verteilen, die übrige Teighälfte mit dem Kakaopulver mischen; dadurch wird der Teig fester, deshalb nach Bedarf etwas Wasser oder Rum unterrühren. Den Schoko-Teig über dem Teig in der Form verteilen und mit einer Gabel beides verwirbeln, sodass ein Marmoreffekt entsteht.

* Den Kuchen im Ofen auf der mittleren Schiene 45 bis 50 Minuten backen oder bis beim Stäbchentest (Seite 131) kein Teig mehr kleben bleibt. Herausnehmen, in der Form abkühlen lassen und zum Servieren optional mit Puderzucker bestäuben.

Tipps

Abwandlung: Statt den Kuchen mit Puderzucker zu bestäuben kann man ihn mit Schokoladen- oder Zuckerguss glasieren.

Variante: Anstelle des neutralen Pflanzenöls kann man für den Teig auch Olivenöl verwenden, das gibt dem Kuchen einen markanten Eigengeschmack, der aber besonders gut passt, wenn frische Früchte wie Erdbeeren beigegeben werden.

Saftiger Nusskuchen

Dieses Rezept ist inspiriert von einem Kuchen, den wir bei *Isla Coffee Berlin* servieren. Je nach Saison wandern unterschiedliche Früchte hinein, z. b. Erdbeeren, Himbeeren, Äpfel, Birnen, Rhabarber, Aprikosen oder Zwetschgen. Schmeckt aber auch ohne Obst sehr lecker! Dieser Kuchen wird ohne glutenhaltiges Mehl zubereitet, um ihn 100 % glutenfrei zu backen, muss aber bei Backpulver und Speisestärke auf Glutenfreiheit geachtet werden. Die Mengenangaben sind alle in Gramm wie in der Gastronomie oft üblich.

Zutaten FÜR 1 KASTENFORM (30 × 12 CM) / 1 SPRINGFORM (26 CM DURCHMESSER)

Pflanzenmargarine zum Einfetten der Form • 160 g pflanzliche Milch • 15 g (3 EL) Essig • 1 Prise Salz • 2 gehäufte TL Natron • 1 gehäufter TL Backpulver • 220 g Zucker • 125 g Buchweizenmehl • 125 g gemahlene Haselnüsse + mehr zur Garnitur (optional) • 60 g Reismehl • 50 g Speisestärke • 10 g geschrotete Leinsamen • ca. 200 g Früchte nach Wahl (z. B. Erdbeeren, Himbeeren, Äpfel, Birnen, Rhabarber, Aprikosen, Zwetschgen) • 110 g Öl • 210 g Apfelmus

Zubereitung

- Den Backofen auf 180 °C Ober-/Unterhitze vorheizen. Die Form mit etwas Margarine einfetten.

- Die Milch und den Essig in einer großen Schüssel verrühren und 10 Minuten beiseitestellen.

- In der Zwischenzeit die trockenen Zutaten (Salz, Natron, Backpulver, Zucker, Buchweizenmehl, Haselnüsse, Reismehl, Speisestärke) in eine weitere Schüssel geben. Die Leinsamen mit 3 EL heißem Wasser in einer kleinen Schüssel verrühren und zum Quellen beiseitestellen. Die Früchte ggf. putzen, waschen, entkernen und falls notwendig klein schneiden.

- Das Öl und das Apfelmus zur Milch-Essig-Basis geben und verrühren. Die trockenen Zutaten in zwei bis drei Schritten unter die flüssige Mischung heben. Zuletzt ⅔ der Früchte und die Leinsamen untermischen. Den Teig in der Form verteilen und den Kuchen im Ofen auf der mittlerer Schiene 30 Minuten backen.

- Anschließend herausnehmen und die restlichen Fruchtstücke zur Garnitur auf dem noch weichen Kuchen verteilen und leicht andrücken. Optional noch mit etwas gemahlenen Haselnüssen bestreuen. Den Kuchen im Ofen weitere 15 bis 20 Minuten fertig backen oder bis beim Stäbchentest (Seite 131) nichts mehr kleben bleibt.

REZEPTE

Kekse

Dieses Rezept ist inspiriert von meiner lieben Kollegin *Jessica Prescott*. Meine abgewandelte Version ihres Rezepts lässt sich mit jeglichem Nussmus, Süßungsmittel, glutenfrei oder mit Mehl backen, je nachdem was man zu Hause hat. Verschiedene Varianten von Sirup, Mus und Mehl, wie im Rezept vorgeschlagen, ausprobieren.

Zutaten   FÜR ETWA 15 KEKSE

160 g Sirup (z. B. Ahornsirup, Agavensirup, Apfeldicksaft, Reismalzsirup) • 200 g Nussmus (z. B. Haselnuss-, Mandel-, Cashew-, Erdnuss-, Kokosnussmus oder Tahina) • 90 g Weizen- oder Dinkelmehl (für die glutenfreie Variante entweder durch 90 g glutenfreie Mehlmischung oder gemahlene Nüsse/Mandeln ersetzen) • 1 ½ TL Backpulver • 30 g Kakaopulver • 40 g Hanfsamen • 1 Msp. Vanillepulver oder Mark von ½ Vanilleschote • 1 Prise Salz

Zubereitung

- Den Ofen auf 180 °C Ober-/Unterhitze vorheizen.

- Den Sirup und das Nussmus in einer Schüssel verrühren. Die restlichen Zutaten zugeben und mit den Händen oder einem Löffel zu einem Teig vermengen.

- Den Teig mit leicht angefeuchteten Händen zu etwa 15 gleich großen Kugeln formen, diese auf einem gefetteten Backblech verteilen und jeweils etwa 1 cm dick flach drücken. Die Kekse im Ofen auf der mittleren Schiene 8 bis 10 Minuten backen, bis sie zu duften beginnen.

- Anschließend herausnehmen und auf dem Backblech abkühlen lassen, da sie erst nach dem Abkühlen hart werden und sonst leicht zerbrechen, wenn man sie vorher vom Blech nimmt. In einer luftdichten Vorratsdose halten die Kekse mindestens 1 Monat (aber meistens werden sie davor aufgegessen).

Biskuit

Biskuit ist der „Grundbaustein" für Tortenträume, Tiramisu und andere süße Leckereien. Mit diesem Grundrezept kannst du deiner Gestaltungswut freien Lauf lassen!

Zutaten FÜR 1 SPRINGFORM (26 CM DURCHMESSER)

230 g Mehl • 1 Päckchen Backpulver • 160 g Zucker • 6 EL Öl (geschmacksneutrales Pflanzenöl) • 1 Msp. gemahlene Vanille oder Mark von ½ Vanilleschote • Fett für die Form

Zubereitung

- Den Backofen auf 180 °C Ober-/Unterhitze vorheizen.

- Das Mehl und das Backpulver in eine Rührschüssel sieben, den Zucker dazugeben und beides mit einem Löffel vermischen. Das Öl, die Vanille und 200 ml Wasser hinzufügen und alles mit den Knethaken des Handrührgeräts zu einem glatten Teig verarbeiten.

- Den Teig in einer gefetteten Springform verteilen und im Ofen auf der mittleren Schiene 30 bis 35 Minuten backen, bis beim Stäbchentest nichts mehr kleben bleibt und die Oberfläche ganz leicht gebräunt ist. Anschließend herausnehmen, abkühlen lassen und weiter verwenden.

Tipps

Abwandlung: Für Schokoladenbiskuit einfach 2 gehäufte EL ungesüßtes Kakaopulver und etwas mehr Wasser zu den Trockenzutaten geben.

Menge: Wer statt der Springform ein Blech verwenden möchte, kann dafür einfach die Menge verdoppeln.

Meine persönliche Variante zur Weiterverarbeitung hier *(Foto)*: Aus dem Biskuitboden kleine Törtchen ausstechen, mit der Schokoladenmousse (Seite 227) füllen und mit Himbeeren verzieren. Die Reste als Schichtdessert mit Apfelmus, pflanzlichem Joghurt und Granola als Topping verspeisen.

Profitipp von meinem Freund *Christian Regner*, dem Konditormeister: 50 g (selbst gemachtes) Krokant aus Mandeln oder Nüssen fein mahlen und vor dem Backen unter den Teig ziehen, das sorgt für einen noch köstlicheren Geschmack.

Schokoladenmousse

Für mich eines dieser simplen Basisrezepte, die sich in kurzer Zeit aus wenigen Zutaten herstellen lassen und immer für einen Wow-Effekt sorgen. Ob als Dessert oder als Füllung für ein Törtchen (Seite 225), ob pur, mit Gewürzen, mit Orangen-abrieb, frischer Minze oder Früchten verfeinert – ein Hochgenuss.

Die Schnelle

Diese Variante kommt mit zwei Basiszutaten im Verhältnis 2:1 aus – Seidentofu und dunkle Schokolade. Der Seidentofu sorgt für die typische Mousse-Konsistenz. Es gilt einzig zu beachten, dass er Zimmertemperatur hat; ist er zu kalt, kann die ge-schmolzene Schokolade beim Vermengen schnell Klümpchen bilden.

Zutaten FÜR 4 PORTIONEN

200 g dunkle Schokolade, gehackt • 400 g zimmerwarmer Seidentofu •
Geschmackszutaten nach Wahl z. B. Orangenzeste, Zimt, Kardamom, 1 Prise Meersalz (optional)

Zubereitung

- Die Schokolade in einer Metallschüssel im Wasserbad unter Rühren bei schwa-cher Hitze schmelzen.

- Den Seidentofu aus der Packung nehmen und vorsichtig überschüssige Flüssigkeit abtropfen lassen. Den Tofu mit einem Stabmixer in einem hohen Rührbecher cremig zerkleinern. Die geschmolzene, leicht abgekühlte, aber noch flüssige Scho-kolade mit der Tofucreme vermixen. Optional mit Geschmackszutaten würzen.

- Die Mousse in Gläschen füllen oder in einem großen, möglichst flachen Gefäß im Kühlschrank fest werden lassen, um später zum Servieren Nocken daraus zu formen.

Weitere Variante →

Die Überraschende

Sie wird auf der Basis von Aquafaba hergestellt (siehe rechts). Das Unterheben des pflanzlichen Eischnees erfordert etwas mehr Zeit und Fingerspitzengefühl, ergibt aber eine herrliche Konsistenz. Zudem wird ein Nebenprodukt verwendet, das oft – zu Unrecht – im Ausguss landet.

Zutaten FÜR 4 PORTIONEN

140 g dunkle Schokolade, gehackt • Aquafaba-Flüssigkeit von 1 Dose Kichererbsen oder Bohnen (240 g Abtropfgewicht)

Zubereitung

- Die Schokolade in einer Metallschüssel im Wasserbad unter Rühren bei schwacher Hitze schmelzen.

- Die Aquafaba-Flüssigkeit mit dem Handrührgerät zu einem cremigen Schnee schlagen, dabei langsam beginnen, dann die Geschwindigkeit steigern und schlagen, bis der Schnee Spitzen bildet.

- Sobald die Schokolade geschmolzen ist, aus dem Wasserbad nehmen und ein paar Minuten abkühlen lassen; ist sie zu heiß, zerfällt später der Eisschnee. Die Schokolade in eine große Schüssel gießen und den pflanzlichen Eischnee darauf verteilen. Sanft unterheben und nur so stark vermengen, dass keine Schokoladenschlieren mehr zu sehen sind.

- Die Mousse in Gläschen füllen oder in einem großen, möglichst flachen Gefäß im Kühlschrank fest werden lassen, um später zum Servieren Nocken daraus zu formen.

Info zu Aquafaba

Die stark eiweißhaltige, leicht gallertartige Kochflüssigkeit von Kichererbsen und Bohnen ist ein Nebenprodukt, das sich auf verschiedene Arten in der Küche verarbeiten lässt.

Einerseits lässt Aquafaba sich aufgrund seines hohen Eiweißgehalts wie Eischnee aufschlagen und dementsprechend zu süßen Kreationen wie Baiser, Macarons, Biskuit oder Schokomousse verarbeiten – es kann aber auch als Emulgator benutzt werden, z. B. zur Herstellung pflanzlicher Mayonnaise. Lass dich nicht von Farbe und Geschmack abschrecken. Sobald du Aquafaba aufschlägst, wird auch jenes von Kidneybohnen oder schwarzen Bohnen zu weißem Eisschnee, und sobald du Geschmackszutaten dazugibst, ist der leicht salzige Geschmack nicht mehr herauszuschmecken.

Du kannst die Flüssigkeit aus gekauften, vorgekochten Hülsenfrüchten-Konserven verwenden, indem du sie einfach durch ein Sieb gießt und auffängst. Sie hält im Kühlschrank 2 bis 3 Tage, kann aber alternativ super eingefroren werden, z. B. portioniert in Eiswürfelbehältern.

Alternativ kann man auch das Kochwasser selbst gekochter Hülsenfrüchte verwenden, hier ist es nur wichtig, dass man die Hülsenfrüchte nach dem Kochen in der Kochflüssigkeit abkühlen lässt und das Kochwasser reduzieren lässt.

Beispielrezept

- 400 g (vorher eingeweichte) Kichererbsen werden in 2 l Wasser weich gekocht. Sollten danach mehr als 625 ml Kochflüssigkeit übrig bleiben, diese auf kleiner Flamme auf 625 ml reduzieren lassen.

Für weiterführende Infos und Austausch empfehle ich das Buch *Vegane Rezepte mit Aquafaba* (Zsu Dever / AT Verlag) und die riesige Facebook-Gruppe *Aquafaba (Vegan Meringue – Hits and Misses!)*.

Das Letzte vom Ganzen

Danke ...

Meinem Partner Haukur Hardarson

Danke, dass du mich immer auf all meinen Wegen unterstützt, bekochst, wenn ich vor lauter „über das Kochen schreiben" keine Zeit dazu finde, mich konstruktiv kritisierst, mich in den Arm nimmst und mich auch in diesen fordernden Zeiten täglich zum Lachen bringst. Danke – mein liebster Lockdown-Partner.

Meinen Eltern

Danke. Wie auch bei meinen bisherigen Büchern war es immer wieder und von Anfang an euer wertschätzender Umgang mit Lebensmitteln und vielen anderen Dingen im Leben, der über die Jahre zum Kernthema meiner Arbeit gewachsen ist. Der kreative kulinarische Mut meines *Vaters* und seine grenzenlose Begeisterungsfähigkeit kombiniert mit der Sorgfalt und Detailverliebtheit meiner *Mutter*. Danke Mama, dass du mir beigebracht hast, wie man To-do-Listen schreibt!

Meinen Freund*innen

Danke für die langen Spaziergänge, Zoom- und Facetime-Calls, Telefonate und alle anderen Formen möglichen sozialen Miteinanders in Zeiten der Pandemie. You keep me safe.

Meinem Lieblings-Team

Danke, *Sandra Stäbler*, dass wir nun schon das vierte Buch gemeinsam umgesetzt haben und wir uns gemeinsam stilistisch weiterentwickeln dürfen. Danke, *Annabell Sievert-Erlinghagen*, für deine wunderbare Art, meine Gerichte, meine Küche und mich in Szene zu setzen, sodass ich mich damit wohl und verstanden fühle und meine Leser*innen Appetit bekommen. Danke, *Anna Kohlweis*, für deine Illustrationen, ohne deren Witz und feine Linienführung ich mir meine Bücher gar nicht mehr vorstellen kann. Danke, *Stella Paschen*, für die konstruktive Zusammenarbeit in dieser verrückten Zeit.

Danke an

Dzaino für die tollen Upcycling-Jeans Schürzen für unser Cover-Shooting, *Tauko* für den schicken grünen Overall, der aus alten Industrietextilien gefertigt wurde, *Reform Copenhagen* für die Umsetzung meiner Traumküche, *Jessica Prescott* für die Inspiration zum Keksrezept, *Mhairianne Macleod* für die Inspiration zum Nusskuchen-Rezept, *Athena Panni* (Bunzlauer Keramik Berlin) für das Bereitstellen der schönen Keramik, *Johann Lafer* für die Inspiration zum Titel und die großartige Empfehlung.

Meine (kulinarischen) Lehrer*innen

… und was ich von ihnen gelernt habe:

- *Mayoori Buchhalter (BioGourmetClub Köln):* Dass man die Schale aller Kürbisse essen kann, aber nicht muss. Dass man täglich eine kleine Portion Meeresalgen (z. B. in Form von Flocken als Topping) essen sollte. Wie doll Gesundheit und Ernährung zusammenhängen. Und tausend andere Dinge.

- *Maximilian Lundin (The Plant, Stockholm):* „Always keep 10 %!" – immer einen kleinen Rest aufheben, um ihn für die nächste Mahlzeit zur Verfügung zu haben, sei es ein bisschen Erdnussmuss, ein Zweig Kräuter oder ein halber Apfel.

- *Stina Spiegelberg (Kochbuchautorin, vegane Backexpertin):* Unzählige Basics für veganes Backen!

- *Alexis Goertz (Edible Alchemy, Fermentationsexpertin):* Die Basics, wie man Kombucha, Sauerteigbrot und einfache Fermente herstellt und Fermentation im Alltag mit viel Bauchgefühl umsetzt.

- *Catharina Bernhardt (Happenpappen, Hamburg):* Dass gekochte Quinoa sich prima mit einem Löffel Mandelmus verfeinern lässt und wie eine ordentliche vegane Bowl auszusehen hat.

- *Surdham Göb (Surdham's Kitchen, München):* Dass man auch zum Kochen guten Wein benutzen sollte und dass veganer Käse und selbst gemachtes Bier köstlich schmecken.

- *Judith Göb (Wild Roots Yoga):* Mein erweitertes Basiswissen über Wildkräuter und ihre Wirkung.

- *Boris Lauser (raw plant based cuisine, Experte für Rohkost):* Wie man aus Auberginen Prosciutto herstellt. Dass man den Vitamix immer ordentlich bis zum letzten Rest auskratzen sollte. Viele Raw-Food-Basics.

- *Mhairianne Macleod (Isla Coffee, Berlin):* Viele Tricks und Kniffe. Neue Zero-Waste-Verarbeitungsmethoden. Wie man auch einfache Gerichte toll anrichtet. Die Basis für das Kuchenrezept Seite 220.

- *Peter Duran (Isla Coffee, Berlin):* Wie man seinen Angestellten ein guter Chef ist.

- *Nina Petersen (meine Gründungspartnerin für unser geplantes Restaurant Happa):* Wie man mit einem positiven Mindset in den Tag startet.

- *Niko Rittenau (Ernährungswissenschaftler, Autor):* Das Basiswissen, mit dem man vegane Klischees und Mythen widerlegen kann.

- *Dalad Kambhu (Kin Dee, Berlin):* Dass man Erbsenblüten essen kann.

- *Rike Schindler (vegane Köchin, Berlin):* Immer die Ruhe und die gute Stimmung in der Küche zu bewahren. UMAMI.

- *Sebastian Copien (Koch, Autor, Vegan Masterclass):* Viele Feinheiten. Noch mehr Umami.

- *Linda Lezius (Wild & Root Creative Food Agency):* Wie man Storytelling und Dinner-Events zusammenbringt.

- *Uli Marschner (Häppies, Berlin):* Wie man vegane Germknödel fluffig macht und ein positives Mindset behält.

- *Katrin Hecker (Köchin):* Wie man ein Dinner in einem Gewächshaus umsetzt.

- *Nina Kränsel (The Hungry Cat, Köchin, Ex-DJ-Kollegin):* Wie man die richtige Playlist für die Küche und den Gastraum zusammenstellt.

- *Hiba Alnajjar (Köchin):* Wie man syrische Küche vegan umsetzt.

- *Anna-Lena Klapp (Autorin, Aktivistin):* Wie man die Themen Veganismus und Feminismus verbindet und vertritt.

- *Lisa Jaspers (Unternehmerin, Aktivistin):* Dass Emotionalität und Pragmatismus sich als Führungseigenschaften nicht ausschließen, sondern ergänzen.

- *Monika Kanokova (New Standard Studio, Berlin):* Wie Idealismus als Motor funktioniert.

- *Laura Villanueva (Tausendsuend, Berlin):* Wie wichtig die Verwendung hochwertiger Backzutaten für Kuchen ist. Wie man rohköstlichen Karottenkuchen macht.

- *Catalina Mirkovic (Köchin, Teeexpertin):* Wie man eine Teezeremonie durchführt.

- *Julian, Rhaya und Vera (Mashery Hummus Kitchen, Köln):* Wie man authentische Falafeln und Hummus macht.

- *Micha Schäfer (Nobelhart & Schmutzig, Berlin):* Dass man Sonnenblumenböden essen kann und sie ähnlich wie Artischocken schmecken.

- *Roman Witt (Kurkuma Kochschule, Hamburg):* Dass die Zeit reif ist für vegane Kochschulen.

- *Lisa Müller (Köchin, Unternehmerin):* Wie man den perfekten Avocadotoast macht.

Vielen Dank an alle, die hier keinen Platz gefunden, mich aber auf meinem Weg begleitet haben.

Kochen

Backen

Impressum

© 2021 ZS Verlag GmbH
Kaiserstraße 14b
D-80801 München

ISBN 978-3-96584-129-1
1. Auflage 2021

Projektleitung: Stella Paschen
Autorin: Sophia Hoffmann
Grafische Gestaltung und Satz: Sandra Stäbler
Lektorat: Constanze Lüdicke
Fotografie: Annabell Sievert-Erlinghagen
Foodstyling: Sophia Hoffmann
Illustrationen: Anna Kohlweis
Herstellung: Frank Jansen
Producing: Jan Russok
Druck & Bindung: Eberl & Kösel, Krugzell

Kurze Wege schonen die Umwelt
Dieses Buch wurde in Deutschland gedruckt

ZS – Ein Verlag der Edel Verlagsgruppe, Hamburg.
www.zsverlag.de | www.facebook.com/zsverlag

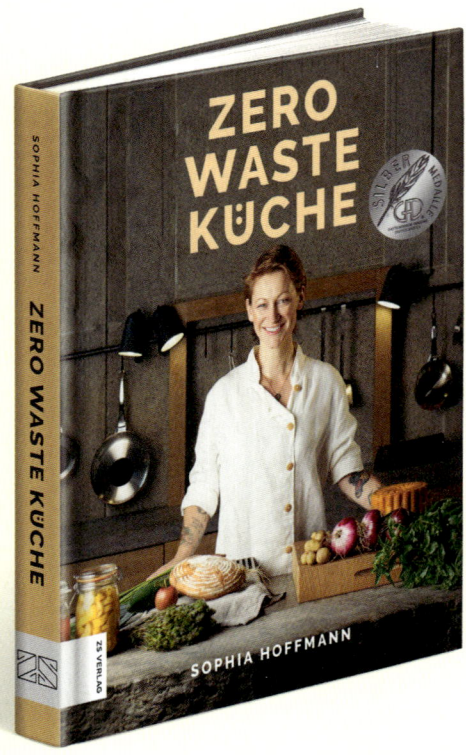